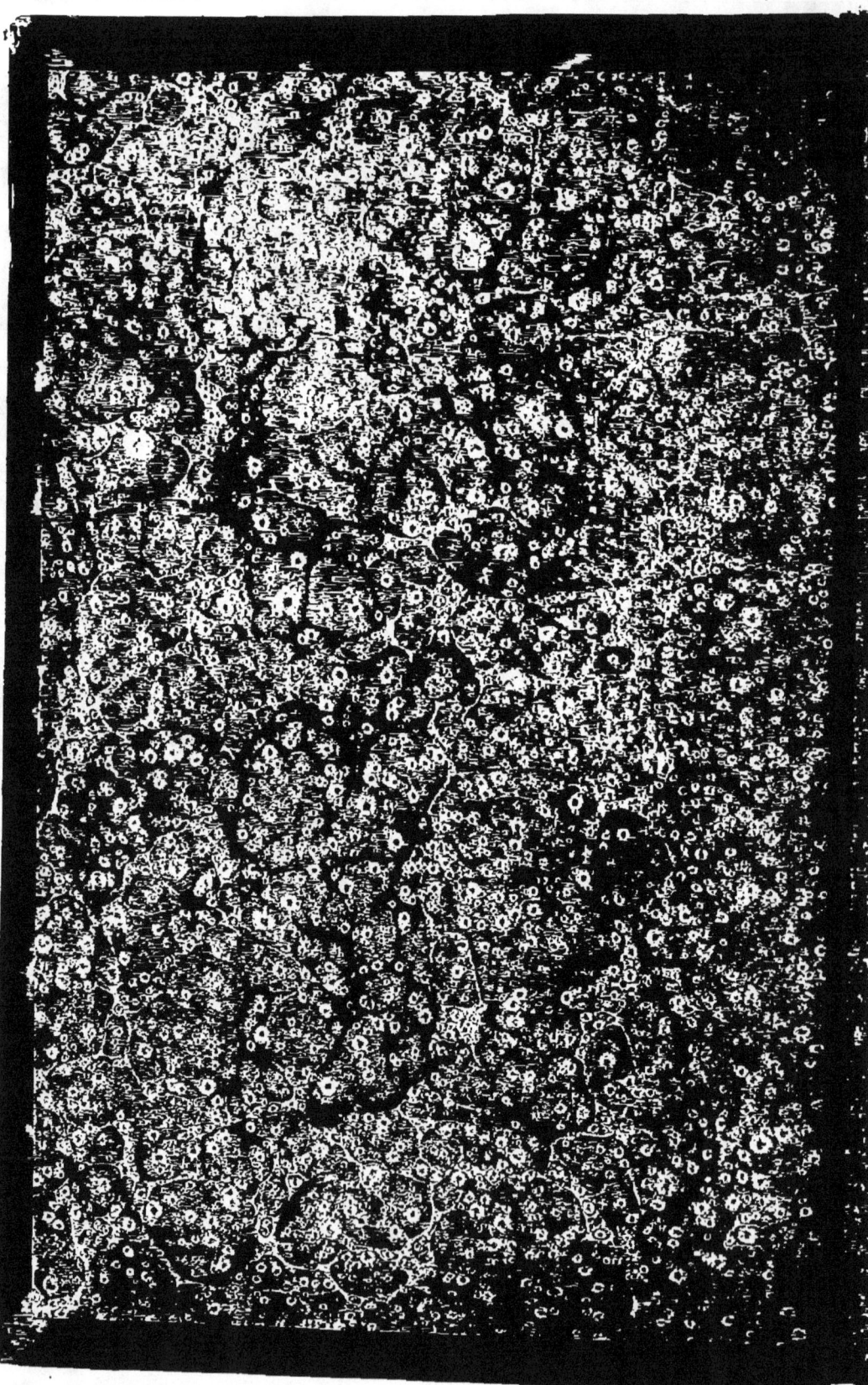

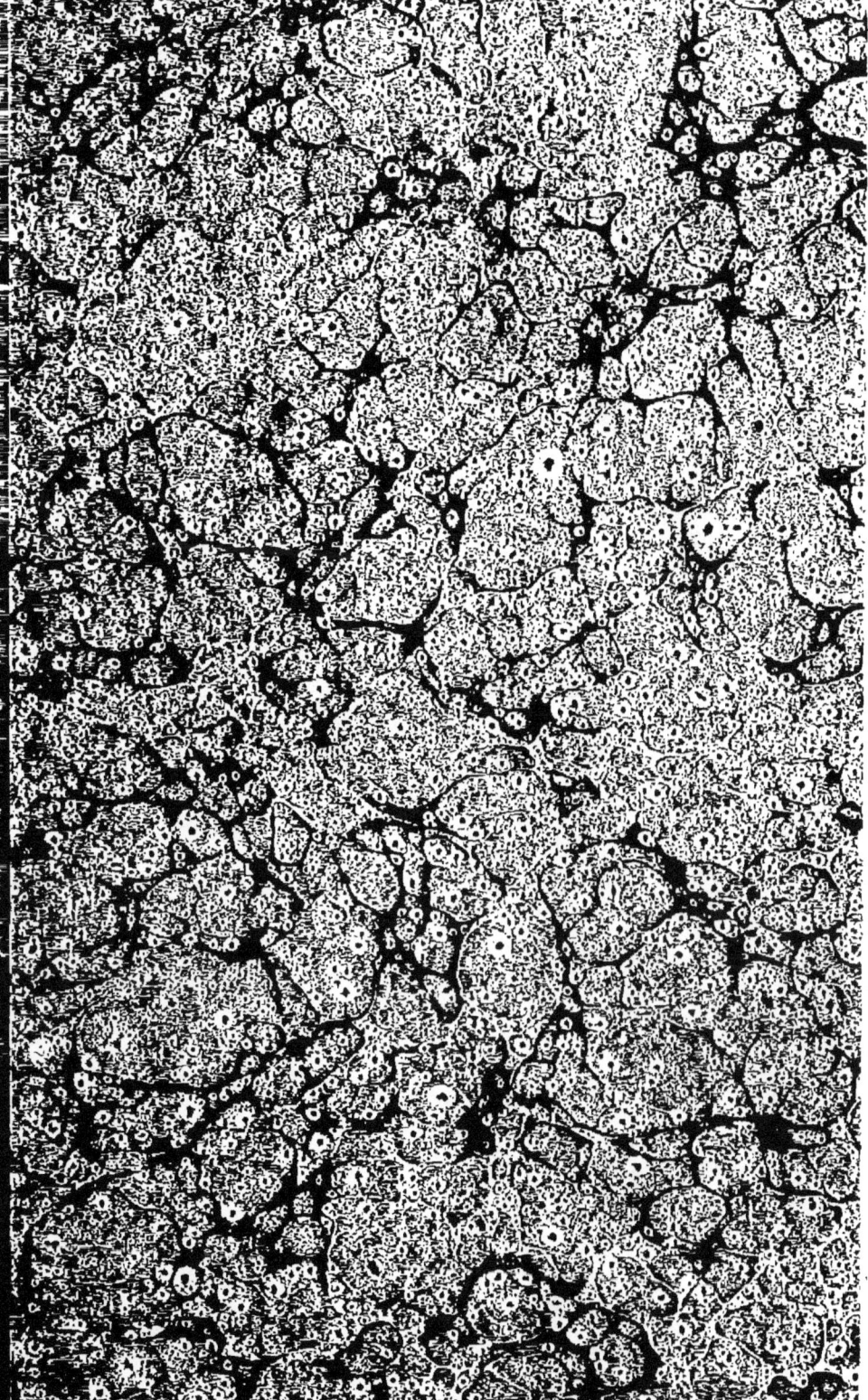

18583

ANNÉE
DES DAMES.

A la même adresse, autre ouvrage de Madame Gabrielle de P.....

Calendrier des Dames, ou les Saintes et les Femmes célèbres pour tous les jours de l'année (1820).
Prix. En feuilles. . . . . 1 fr.
— Collé sur carton simple. 1   25 c.
— Avec bordure dorée. . . 1   50
— Avec large dentelle. . . 2   50

(*Pour paraître fin Décembre* 1819.)

Elégies, en quatre livres ; par M. Duchesne. Un vol. in-18 orné d'une jolie vignette, d'après le dessin de M. Chasselat, gravée par M. Migneret. Br.
Papier fin. Prix. . . . . . 2 fr. 50 c.
Papier vélin. . . . . 5 fr.

Madame Deshoulières.

ANNÉE DES DAMES,

OU

PETITE BIOGRAPHIE

DES

FEMMES CÉLÈBRES

POUR TOUS LES JOURS DE L'ANNÉE ;

(*Avec portraits.*)

PAR Mme CABRIELLE DE P.....

TOME PREMIER.

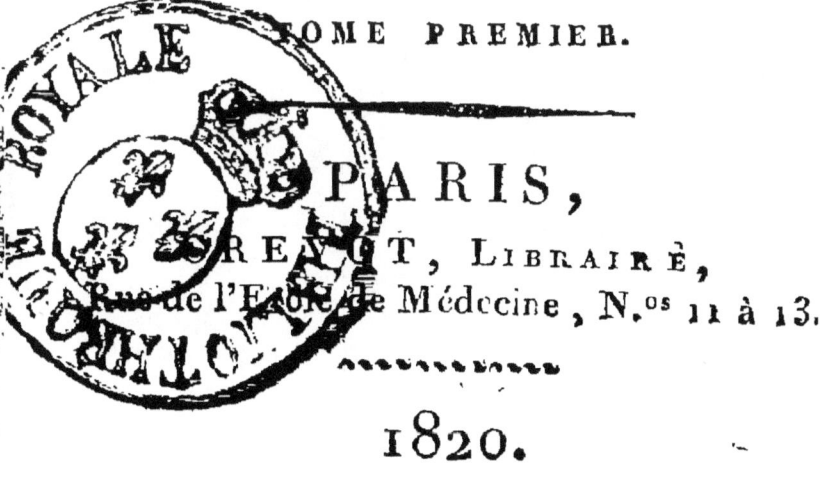

PARIS,

RENOT, LIBRAIRE,

Rue de l'École de Médecine, N.ºs 11 à 13.

1820.

IMPRIMERIE DE MIGNERET,
RUE DU DRAGON, N.º 20, F. S. G.

AVERTISSEMENT.

On a publié les *Vies des Saints*, les *Ephémérides des Braves*, *l'Annuaire des grands Hommes*, etc.; on n'a rien fait de semblable pour les dames. C'est ce vide que je cherche à remplir.

J'ai voulu présenter aux Françaises une femme célèbre par jour, comme un encouragement ou comme un modèle.

En employant tous les noms que notre sexe a illustrés, j'aurais pu donner plusieurs articles dans la même journée; j'ai mieux aimé choisir, parce que je m'étais proposé de faire un ouvrage peu volumineux.

C'est ce motif qui m'a empêchée aussi de citer les sources où je puisais ; j'ai ménagé l'espace de manière à faire entrer beaucoup de choses dans un cadre étroit. Les personnes qui voudront bien parcourir ce livre, verront qu'il y a plus de femmes célèbres qu'on ne pense, et qu'elles se sont distinguées dans toutes les carrières : cependant il ne renferme que les plus illustres des femmes modernes.

On n'a point cité, dans cet ouvrage, les femmes de l'histoire ancienne, parce que le jour de leur mort est trop difficile à découvrir. On a pris les meilleures autorités pour les dates de l'histoire moderne.

AVERTISSEMENT.

Il est pourtant très-possible que ce livre présente des erreurs, puisque les historiens qu'on a suivis ne sont pas toujours d'accord.

Quoique le nombre des méchantes femmes ne soit pas très-grand, on les a supprimées toutes les fois qu'on l'a pu, pour ne conserver que des souvenirs honorables ou gracieux.

On a recueilli sur-tout les traits qui honorent le cœur des dames, et on n'a pas eu de peine à en rassembler beaucoup.

Les doubles sens ont été évités, les aventures scandaleuses rejetées; la pudeur peut feuilleter hardiment cette Biographie, et *la mère* en permettra la lecture à *sa fille*.

—On a mis, autant que possible,

dans cet ouvrage, les femmes célèbres au jour de leur mort, comme l'époque la plus certaine et la plus remarquable, puisque c'est de ce jour que l'immortalité commence.

ANNÉE DES DAMES.

1.ᵉʳ JANVIER. — AMALASONTE.

AMALASONTE, reine des Goths, fille du grand Théodoric, est représentée par tous les historiens comme une princesse instruite, spirituelle, qui savait à fond les langues grecque et latine, et qui connaissait aussi bien l'art de gouverner. Athalaric, son fils, ayant succédé encore enfant à Théodoric son grand-père, Amalasonte, pendant la minorité de ce jeune prince, tint, en qualité de régente, les rênes de l'empire des Goths, et gouverna aussi sagement que les plus grands Rois. Capable des affaires les plus difficiles, aussi digne d'amour que de respect, tous ses peuples, pendant sa régence, crurent voir revivre en elle le grand Théodoric. Les embarras du gouvernement ne l'empêchèrent pas de prendre soin de l'éducation de son fils; elle répétait souvent que ce qui distingue les nations policées des nations barbares, c'est *l'estime des Lettres et de ceux qui les cultivent.* Cette illustre princesse, ayant perdu son fils, périt elle-même peu de temps après, d'une mort tragique, le 1er janvier 534, assassinée par Théodat, qu'elle avait élevé sur le trône. Amalasonte fut pleurée de tous ses sujets; et Justinien, informé de l'atroce perfidie de Théodat, lui déclara la guerre, et le fit châtier par Bélisaire, son général.

2 JANVIER. — DIANE DE GUICHE.

Diane de Guiche, dite *la belle Corisande*, étant demeurée veuve à l'âge de vingt-six ans, et n'ayant rien perdu de sa beauté, plut à notre Henri IV, alors roi de Navarre, qui l'aima bientôt éperduement : en 1586, il se déroba de son camp, pendant la nuit, pour aller offrir à cette aimable veuve quelques drapeaux, pris devant Castels. Sa passion augmentant tous les jours, Henri IV résolut d'épouser Diane de Guiche ; mais d'Aubigné l'en détourna, en lui représentant qu'il n'avait plus qu'un pas à faire pour monter sur le trône de France ; qu'en épousant sa maîtresse, il devait renoncer à la couronne ; qu'il fallait, pour plaire aux Français, des vertus et de belles actions. Henri sentit la sincérité de ses conseils ; il se détacha peu à peu de sa maîtresse, qui perdit avec l'âge toute sa beauté. Sully dit qu'elle devint honteuse de sa figure, ce qui ferait mal juger de son esprit. — Diane de Guiche mourut le 2 janvier 1624.

3 janvier. — CATHERINE D'ARRAGON.

— SAINTE-GENEVIÈVE.

Catherine d'Arragon, fille de Ferdinand V et d'Isabelle de Castille, avait des mœurs simples, un grand amour de l'ordre et de la retraite, un esprit doux et cultivé; mais sa raison et sa vertu étaient sans dignité et sans grâces; elle se fut mieux trouvée dans un monastère que dans une Cour galante. Avec ce caractère, elle épousa Henri VIII, roi de la Grande-Bretagne; elle ne songea point à plaire à son inconstant époux, qui bientôt se dégoûta d'elle, divorça et la reléguа à Kimbalton, où elle acheva ses jours dans la prière et le travail. Elle mourut le 3 janvier 1536, âgée de cinquante-cinq ans, laissant un livre de *Méditations* sur les Pseaumes, qu'elle avait composé dans son exil.

— SAINTE GENEVIÈVE, patrone de Paris, née à Nanterre, vers 422, se consacra de bonne heure à la Virginité. Attila, roi des Huns, étant entré dans les Gaules, avec une armée formidable, les Parisiens effrayés voulaient abandonner leur ville, et fuir devant *le fléau de Dieu*. Geneviève les en détourna, leur assurant que Paris serait respecté par les Barbares. Cette prédiction ayant été justifiée par l'évènement, les Parisiens n'eurent plus pour la Sainte que des sentimens de vénération. Elle mourut le 3 janvier 512, âgée de quatre-vingt-dix ans.

4 janvier. — Mlle DE LA FAYETTE.

Louise de la Fayette, fille d'honneur de la reine Anne d'Autriche, plut à Louis XIII par les charmes d'une physionomie douce et d'un naturel généreux. Le Roi épanchait dans son sein les chagrins que lui donnait Richelieu, et trouvait des consolations auprès de cette véritable amie. Mlle de La Fayette s'intéressait à la gloire de Louis XIII, et faisait tout pour le rendre heureux; mais elle ne cherchait point à lui inspirer de l'amour, parce que sa vertu lui était chère. Lorsqu'elle sentit que son engagement avec le Roi devenait trop tendre, elle se retira chez les religieuses de la Visitation de Chaillot, qu'elle avait fondée; elle s'y acquit bientôt l'estime générale. Louis XIII, qui trouvait tant de douceurs dans la conversation de son amie, s'ennuya loin d'elle; il fit d'inutiles efforts pour l'engager à rentrer à la Cour. La Reine, qui aimait aussi Mlle de La Fayette, s'y employa également sans succès. Cette vertueuse fille mourut sincèrement regrettée, le 4 janvier 1665.

5 janvier. — ELIZABETH PÉTROWNA.

Élizabeth Pétrowna, Impératrice de toutes les Russies, fille du Czar Pierre-le-Grand, monta sur le trône, en vertu des dispositions testamentaires de son père, le 6 décembre 1741. Pendant vingt-un ans que régna cette princesse, elle sut réunir à l'éclat des plus solides vertus, les plus rares talens pour le gouvernement de ses vastes États. Sans cesse occupée du bonheur de l'humanité, elle ne fit la guerre que pour soutenir ses alliés; elle s'empressa de soulager son peuple par la diminution des impôts; elle brisa les fers d'une foule de malheureux, détenus dans les prisons pour des dettes qu'elle acquitta de ses épargnes. A son avènement à la couronne, cette généreuse Impératrice avait fait vœu de ne condamner personne à mort, tant qu'elle régnerait; et elle le tint si scrupuleusement, que l'amour et la reconnaissance de ses heureux sujets la décorèrent unanimement du beau nom d'*Élizabeth la clémente*. Ils eurent la douleur de la perdre, le 5 janvier 1762, à l'âge de cinquante-un ans.

— CATHERINE DE MÉDICIS, Reine de France, mourut à Saint-Germain en Laye, le 5 janvier 1589.

6 JANVIER. — ISABELLE-LOUISE.

ISABELLE-LOUISE, Infante de Portugal, naquit à Lisbonne, en 1669, avec les dispositions les plus heureuses. Marie de Savoie, sa mère, l'éleva avec soin, dans la piété et les sciences, et grâce aux habiles maîtres qu'on lui donna, mais plus encore à son esprit et à sa facilité naturelle, Isabelle-Louise savait à vingt ans (outre le portugais, sa langue maternelle,) le français, l'espagnol, l'italien, un peu d'anglais, les principes de la langue latine, la géographie, l'histoire, les mœurs et les coutumes de tous les peuples. Douée d'une intelligence merveilleuse, et d'une aptitude remarquable pour les sciences, elle eût poussé plus loin ses études, et acquis des connaissances plus grandes encore; mais une mort prématurée l'enleva aux Portugais, le 6 janvier 1690, à l'âge de vingt-un ans. On dit qu'elle composa quelques ouvrages, qui n'ont pas vu le jour.

7 janvier. — ANGÉLIQUE ARNAUD.

Angélique Arnaud, sœur du célèbre Antoine Arnaud, fut nommée, à onze ans, abbesse de Port-Royal-des-Champs, et conçut bientôt le projet d'y établir la réforme. Elle réussit, à dix-sept ans, à faire revivre, dans cette maison, la règle de saint Benoît, et transporta ensuite son monastère à Paris, qu'elle édifia par sa piété. Cette vertueuse fille était encore fort instruite; et cinq de ses sœurs, savantes et pieuses comme elle, religieuses dans la même abbaye, ont laissé plusieurs ouvrages de piété, auxquels elle travailla sans se faire connaître. — Angélique Arnaud mourut le 7 janvier 1661.

8 janvier. — MARIE DE BARBANÇON.

Marie de Barbançon, femme de Jean

Barret, intrépide ligueur, s'étant trouvée, après la mort de son mari, pendant les guerres de la Ligue, assiégée dans son château de Beunegon (en Berri), par les armées du roi Henri IV, elle soutint ce siège avec la plus grande fermeté. Les tours et les murs de son château furent renversés, sans que cette courageuse femme songeât à se rendre. Elle-même, une demi-pique à la main, elle défendit la brèche la plus dangereuse, et anima si bien ses soldats par la hardiesse de sa contenance, que les assaillans furent toujours repoussés avec perte. Elle se soutint en cet état désespéré, pendant quinze jours entiers; et il n'y eut que la famine qui la força de mettre bas les armes. La cause de cette femme était mauvaise, puisqu'elle était l'ennemie de son Roi; mais Henri IV, instruit de sa bravoure héroïque, ordonna qu'on la reconduisît chez elle avec honneur. Cette générosité fut cause que Marie de Barbançon renonça à la Ligue et embrassa le parti royal. — Elle mourut le 8 janvier 1617.

9 janvier. — ANNE DE BRETAGNE.

Anne de Bretagne, née à Nantes, en 1476, épousa, en 1491, Charles VIII, roi de France. Douée de tous les charmes de la jeunesse, d'une rare beauté, d'une taille noble, elle n'avait d'autre défaut que d'être un peu boiteuse; mais à peine s'en apercevait-on, par le soin qu'elle prenait de le cacher. Les qualités de son esprit répondaient aux charmes de sa figure. Pendant l'expédition de Charles VIII, en Italie, elle gouverna le royaume avec une sagesse peu commune. Après la mort de ce prince, elle resta deux jours sans manger, couchée par terre et pleurant sans cesse. Jusques-là, les reines avaient porté le deuil en blanc; Anne de Bretagne introduisit les vêtemens noirs, pour mieux témoigner sa douleur. Louis XII vint pourtant à bout de la consoler, et il l'épousa en 1499; elle n'avait pas vingt-trois ans.

Cette princesse donna un grand éclat à sa maison, en s'entourant d'un grand nombre de demoiselles, qu'on appela *les filles d'honneur de la Reine* (remplacées, en 1673, par *les dames du palais*). Louis XII aimait peu à donner, dans la crainte de fouler son peuple; Anne, qui avait de grands revenus en Bretagne, les dépensait, et sacrifiait jusqu'à ses bijoux pour récompenser la valeur, la science et le mérite. Cette princesse, dont le cœur était généreux le jugement droit, l'esprit agréable, et qui fut le modèle de toutes les vertus, mourut au château de Blois, le 9 janvier 1514.

10 JANVIER. — EPONINE.

Éponine, dame gauloise, femme de Sabinus, sous l'empire de Vespasien, donna aux femmes de son siècle et des siècles à venir un admirable exemple d'amour conjugal. Sabinus ayant levé l'étendard de la révolte contre Vespasien, à qui il se croyait en droit de disputer l'empire, son entreprise eut le plus malheureux succès. Abandonné des siens, il fut réduit à se cacher dans une profonde caverne, entre la Franche-Comté et la Champagne. Éponine, au lieu de se livrer à une stérile douleur, ne consultant que sa tendresse et ses devoirs, s'attacha à découvrir la retraite de son malheureux époux; y étant parvenue, elle courut le joindre, et s'enferma généreusement avec lui, dans sa sombre demeure. Pendant plusieurs années, cette tendre épouse le servit, et le nourrit du travail de ses mains, avec un zèle et une constance que l'horreur d'une pareille situation ne put un seul instant rebuter; elle accoucha même de deux fils jumeaux dans cette caverne.

Enfin, malgré toutes les précautions, les fréquens voyages d'Éponine découvrirent la retraite de son mari. A force de perquisitions, les émissaires de l'empereur pénétrèrent dans le souterrain; les deux époux furent conduits à Rome, devant Vespasien, qui les fit charger de chaînes. En vain Éponine sollicita la compassion de Vespasien, en se jetant à ses pieds, en lui retraçant le tableau de ses misères, et lui présentant ses deux enfans nés dans la caverne; cet empereur, que l'on a tant vanté, eut la barbarie de la faire mourir avec Sabinus. Éponine cessa de se plaindre du moment où elle partagea le sort de son époux. Ils moururent le 10 janvier de l'an 78, après avoir passé neuf ans dans le souterrain. Cette histoire héroïque a été célébrée plusieurs fois.

11 JANVIER. — CATHERINE PHILIPS.

CATHERINE PHILIPS naquit à Londres, le 11 janvier 1631, et se fit, de bonne heure, un grand nom par ses talens pour la poésie. Elle traduisit en anglais la tragédie de *Pompée* du grand Corneille. Cette traduction, qui fut reçue à Londres avec les plus grands applaudissemens, fut bientôt suivie d'autres ouvrages, qui assurent à Catherine Philips une place distinguée parmi les femmes célèbres de l'Angleterre. — Elle mourut en 1664, âgée de trente-trois ans.

12 JANVIER. — M.ᵐᵉ DE BEAUMONT.

M.ˡˡᵉ Dumesnil-Molin, née à Caen,

en 1750, épousa le vertueux Élie de Beaumont, si connu par son *Mémoire pour les Calas.* Elle était digne d'avoir pour époux un homme de mérite, car elle en avait elle-même; et les ouvrages qu'elle fit paraître la placent d'une manière distinguée parmi les femmes célèbres. On lui doit *les lettres du marquis de Roselle,* roman estimable par la vérité des mœurs et des caractères. Ce livre où l'on peint si bien les vices des courtisanes et des hommes sans morale qui les encensent, était pourtant l'ouvrage d'une femme honnête; et on le reconnaît sans peine en le lisant. M.me de Beaumont acheva encore les *Anecdotes du règne d'Édouard,* roman que M.me de Tencin n'avait pu terminer; et elle s'en acquitta d'une manière très-heureuse. M.me de Beaumont avait un commerce extrêmement doux, une politesse vraie, une âme sensible, un esprit sage, une mémoire ornée, une physionomie prévenante : elle établit à Canon, en Normandie, de concert avec son mari, cette fête si intéressante, connue sous le nom de *fête des bonnes gens.*— Elle mourut le 12 janvier 1783.

13 JANVIER. — ANTOINETTE BOURIGNON.

Celle-ci n'est point un modèle que l'on puisse se proposer de suivre.

ANTOINETTE BOURIGNON naquit à Lille, le 13 janvier 1616, avec une laideur si affreuse, que plusieurs personnes conseillaient de l'étouffer comme un monstre. Sa difformité diminua un peu avec l'âge. Lorsqu'elle fut nubile, elle refusa de se marier, s'enfuit dans les bois, habillée en ermite, et fit mille extravagances. Comme elle ne voulut pas rentrer à la maison paternelle, et qu'elle courait de grands dangers dans les forêts, l'archevêque de Cambray lui accorda une petite solitude, où elle rassembla quelques religieuses. Mais cette fille était folle et riche; elle se déplut bientôt dans sa communauté, et on l'en renvoya. Elle se renferma seule pendant quatre ans dans une petite chambre de Lille; après cela elle se mit à courir les provinces, en publiant qu'elle avait le don des prophéties, des révélations et des extases. Elle eut, selon la coutume, quelques prosélytes; ce qui lui donna l'idée de réformer la religion chrétienne. Mais elle ne put seulement pas se réformer elle-même. Elle se mit alors à faire des livres, et acheta une imprimerie, parce qu'aucun libraire ne se chargeait de ses ouvrages. — On a de cette folle, qui mourut en 1680, une vingtaine de volumes *in*-8°, pleins de fanatisme et d'absurdités.

14 JANVIER. — M.me DE SÉVIGNÉ.

Marie de Rabutin-Chantal, marquise de Sévigné, naquit le 5 février 1626. Les charmes de sa figure et les grâces de son esprit la firent rechercher de bonne heure. Elle épousa, à l'âge de dix-huit ans, le marquis Henri de Sévigné, dont elle eut un fils et une fille. Sept ans après son mariage, le marquis de Sévigné s'étant fait tuer en duel, plusieurs partis avantageux se présentèrent à sa veuve. Mais M.me de Sévigné aimait ses deux enfants avec une tendresse si vive, que son cœur n'avait pas besoin de chercher des affections nouvelles; elle sacrifia donc tout à leurs intérêts. Lorsque sa fille eut l'âge d'avoir un époux, elle la maria au comte de Grignan, qui l'emmena en Provence, où il commandait. M.me de Sévigné se consola de cet éloignement par de fréquens voyages, et par ces *Lettres*, dont le charme est toujours nouveau. Elle fut enfin la victime de sa tendresse. Pendant une longue maladie de sa fille, elle se donna tant de peines et de soins, qu'elle en contracta une fièvre continue, qui l'emporta le 14 janvier 1696. Il est inutile de rien ajouter sur les Lettres de Mme de Sévigné. Comme La Fontaine, elle est le modèle et le désespoir de ceux qui veulent l'imiter.

15 JANVIER. — MARGUERITE DE PARME.

MARGUERITE, duchesse de Florence, de Parme et de Plaisance, fille naturelle de Charles-Quint, et gouvernante des Pays-Bas, fut un des ornemens de son siècle, par sa vertu, son courage, ses talens et sa science. Elle savait plusieurs langues, et entendait très-bien les affaires. Elle gouverna les Pays-Bas, dans des temps assez difficiles, et s'en acquitta avec autant d'habileté que de sagesse. La chasse était son exercice favori, et elle y surpassait les hommes les plus hardis et les plus vigoureux. — Marguerite mourut le 15 janvier 1586.

16 JANVIER. — Mme DE GUERCHEVILLE.

Antoinette de Pons, marquise de Guercheville, aussi belle que vertueuse et spirituelle, réunissait toutes les grâces qui séduisent. Henri IV la vit en Normandie, dans la campagne de 1590, et conçut pour elle une passion violente. La marquise était alors veuve de Henri de Silly, comte de la Roche-Guyon; mais quoique libre et fort jeune, elle sut résister aux poursuites du monarque. — Si je ne suis pas d'assez bonne maison pour être votre femme, lui dit-elle, je suis de trop bonne famille pour être votre maîtresse..... Henri, touché de sa noble résistance, se retira; mais, en la quittant, il lui dit ces mots : — Vous êtes réellement dame d'honneur; et je vous jure que vous le serez de la reine, sitôt que mon mariage sera arrêté.... Il tint parole : Mme de Guercheville fut en effet la première qu'il nomma dame d'honneur de Marie de Médicis. Cette illustre dame mourut, généralement regrettée, le 16 janvier 1632.

17 JANVIER. — LA COMTESSE ALDRUDE.

ALDRUDE, comtesse de Bertinoro, dans la Romagne, se rendit célèbre au douzième siècle, par son courage et son éloquence. Sa cour était très-renommée par la sagesse des dames et le mérite des chevaliers qu'elle sut y rassembler. La ville d'Ancône, assiégée par l'empereur Frédéric 1.er et les Vénitiens, et réduite aux dernières extrémités, ayant imploré le secours d'Aldrude, la vaillante comtesse se mit aussitôt à la tête de ses troupes; et autant par la prudence et la sagesse de ses dispositions, que par sa propre valeur, elle battit les assiégeans, et les força à lever le siège, qui avait duré plus de six mois — Quelques historiens placent la mort de la comtesse Aldrude au 17 janvier 1185.

18 JANVIER. — M.me AUDIFRET.

Après le désastre de la malheureuse affaire d'Exiles (en 1708), tous les blessés furent transportés à Briançon, où il ne se trouva rien de préparé pour les recevoir. M. AUDIFFRET, qui commandait cette place, vendit sur-le-champ sa vaisselle d'argent, pour se mettre en état de secourir ces infortunés. Sa femme, qui était alors à la veille de ses couches, enchérit encore sur cette générosité : elle oublia les ménagemens que demandait son état, se mit à la tête des hôpitaux, y établit tout l'ordre qu'il était possible d'y mettre, pansa de ses propres mains un grand nombre de blessés, et se dévoua pour l'humanité et la patrie. Après ses couches, quoiqu'épuisée de fatigues, elle reprit ses travaux héroïques, et y succomba.... Cette généreuse française mourut, pleurée de tous les malheureux, le 18 janvier 1709.

19 JANVIER. — **BONNE DE BOURBON.**

BONNE DE BOURBON, comtesse de Savoie, femme d'Amédée VI, dit *le Vert*, orna le quatorzième siècle, de ses vertus, de sa beauté, de son courage, et de ses talens. L'histoire l'a célébrée, parce qu'elle fit le bonheur de son époux et de son peuple. Après la mort d'Amédée VI, elle tint les rênes du gouvernement, pendant la minorité de son petit-fils; et ses sujets eurent souvent lieu de s'applaudir de sa sagesse. — Bonne était née à Paris, vers l'an 1340; elle mourut à Mâcon, le 19 janvier 1402.

20 janvier. — ANNE D'AUTRICHE.

Anne d'Autriche, femme de Louis XIII et mère de Louis XIV, gouverna la France pendant la minorité de son fils; et plus d'une fois, dans cette épineuse carrière, elle redressa elle-même les bévues multipliées du cardinal Mazarin, en qui elle avait mis trop de confiance. Les commencemens de sa régence furent paisibles, parce que les victoires du duc d'Enghien, depuis si célèbre sous le nom de *Grand-Condé*, faisaient l'allégresse publique. Mais l'avidité de Mazarin, l'ambition des grands, l'augmentation des impôts, amenèrent les guerres civiles de la Fronde; et ce ne fut pas sans peine qu'elle les appaisa. C'est à cette reine que la France doit le goût et la politesse qui commencèrent, avec le règne de Louis XIV, à nous distinguer des autres nations. Anne d'Autriche avait de la beauté, des grâces, de la noblesse, et un peu de hauteur. Mazarin la sondant sur la passion du roi pour sa nièce, et feignant de craindre que ce prince ne voulût l'épouser : — Si le roi était capable de cette indignité, répondit-elle, je me mettrais avec mon second fils, à la tête de toute la nation, contre le roi et contre vous....

Une chose extraordinaire, c'est que cette princesse, qui aimait passionnément les fleurs, ne pouvait souffrir la vue des roses, même en peinture. Elle était si délicate sur tout ce qui touchait son corps, que l'on trouvait à peine de la batiste assez fine pour ses chemises et ses draps. Mazarin lui disait, en plaisantant là-dessus, que si elle était damnée, son enfer serait de coucher dans des toiles de Hollande.... — Anne d'Autriche mourut le 20 janvier 1666. — C'est elle qui fit bâtir le Val-de-Grâce.

21 JANVIER. — CHARLOTTE BOURETTE.
— SAINTE AGNÈS.

Charlotte Renyer-Bourette, née à Paris en 1714, avait reçu de la nature quelques talents pour la poésie; ces talents se développèrent avec l'éducation. Mais comme sa famille n'était pas très-riche, elle ne put se livrer entièrement à son goût pour les lettres. Une heureuse idée lui procura cependant le bonheur de se satisfaire. Elle ouvrit un café, où elle reçut des poëtes, des beaux esprits et des chansonniers. Une société pareille acheva d'en faire une muse; et elle fut bientôt connue dans la capitale, sous le nom de *la muse limonadière*. Charlotte Bourette fit des vers pour toutes les occasions interessantes et eut toujours la discrétion de les faire en petit nombre. Elle célébra les beaux esprits qui le lui rendirent; sa gloire n'est pas immense; mais on se rappelle son nom avec plaisir. Nous avons de cette femme célèbre, qui mourut le 21 janvier 1784, *la Coquette punie*, comédie jouée en 1779.

— Sainte-Agnès. — On ignore l'origine de cette sainte. On sait seulement qu'elle vint à Rome à l'âge de douze ans, que sa beauté la fit rechercher en mariage par les jeunes gens les plus distingués; et sur le refus qu'elle fit de prendre un époux, elle souffrit le martyre, après avoir enduré mille outrages. On la fête le 21 janvier.

22 JANVIER. — JEANNE DE BOURGOGNE.

Jeanne de Bourgogne, reine de France, femme de Philippe-le-long, fonda à Paris le collège de Bourgogne, où l'on établit depuis l'École de chirurgie. Cette princesse étoit belle et gracieuse, peut-être un peu trop fière pour être généralement aimée : on l'accusa en 1315 d'avoir oublié les devoirs de la fidelité conjugale, et elle fut condamnée à finir ses jours en prison, dans le château de Dourdan. Mais après qu'elle y eut passé une année, son époux, ayant eu des preuves de son innocence, la reprit avec lui. Quelques historiens reprochent à cette reine des désordres dans les mœurs; mais les contemporains et les écrivains les plus respectables ne l'accusant point, on ne peut condamner sa mémoire, si l'on craint de hazarder son jugement. Elle mourut à Roye en Picardie, le 22 janvier 1325.

23 JANVIER. — ÉLÉONORE DE GUYENNE.

Eléonore duchesse de Guyenne, née en 1122, n'avait que quinze ans lorsqu'elle succéda à son père, dans ce beau duché qui comprenait alors la Gascogne, la Saintonge et le Poitou. Elle épousa la même année Louis VII, roi de France. La nature avait épuisé toutes ses faveurs pour cette princesse. Au rang le plus élevé, à la dot la plus riche, Eléonore joignait tous les charmes de la figure la plus touchante: une bouche admirable, les plus beaux yeux du monde, un air affable, une beauté achevée. Son esprit, vif et cultivé, répondait au mérite dont les yeux sont les juges. Louis VII, au contraire, était un prince faible, superstitieux, crédule, plus rempli de petitesses que de vertus. Il se coupa les cheveux et la barbe, sur les représentations du fameux Pierre Lombard, qui lui persuada que Dieu n'aimait pas les chevelures longues... Eléonore le railla sur ses cheveux courts et son menton rasé. Louis s'en offensa. Les aigreurs et les reproches suivirent les augustes époux jusques dans la Terre-sainte, où Louis VII alla porter ses armes. Il prétendit, à son retour, que sa femme avait répondu à l'amour d'un jeune turc, nommé Saladin, d'une figure aimable. Eléonore piquée proposa le divorce, qui eut lieu en 1152. Elle épousa six semaines après, Henri II, depuis roi d'Angleterre, à qui elle porta en dot le

Poitou et la Guyenne. Delà vinrent ces guerres qui ravagèrent la France pendant trois cents ans, et firent périr plus de trois millions de Français. — Eléonore de Guyenne, appellée aussi Eléonor ou Aliénor d'Aquitaine, mourut le 23 janvier 1204.

24 janvier. — JEANNE SEYMOUR.

Jeanne Seymour, troisième femme de Henri VIII roi d'Angleterre, mère d'Édouard VI, mourut des suites de ses couches, le 24 janvier 1537, selon quelques historiens. Son histoire est peu remarquable. Elle eut trois nièces qui sont plus célèbres.

Anne, Marguerite et Jeanne Seymour, filles d'Edouard Seymour, se firent un nom dans le seizième siècle, par leurs talens pour la poésie. Elles composèrent entre elles cent quatre distiques latins, sur la mort de la reine de Navarre, sœur de François 1ᵉʳ. Ces vers furent tellement applaudis, qu'on les traduisit en français, en grec et en italien, sous le titre de *Tombeau de Marguerite de Valois, reine de Navarre*. On y trouve des idées gracieuses et des vers heureux.

25 janvier. — ANNE DE BINS.

Anne de Bins, née à Anvers dans le seizième siècle, mérita un rang distingué parmi les femmes célèbres de son temps. Avec beaucoup de vertus, de piété et d'érudition, son goût pour l'étude et le travail était si ardent, qu'afin de le satisfaire sans relâche, elle employait les momens de ses récréations à former dans les sciences des jeunes personnes de son sexe. Elle composa divers ouvages; mais ses talens brillaient davantage dans la poésie. Nous ne connaissons pas ses vers, parce qu'ils sont écrits en Flamand, et qu'elle n'a pas eu le bonheur d'être traduite. Swertius la compara à Sapho, dans un distique latin, *avec cette différence*, ajoute-t-il, *que Sapho présenta quelquefois le vice sous des dehors agréables, et qu'Anne de Bins ne célébra que les charmes de la vertu.* — Anne mourut le 25 janvier 1558.

26 JANVIER. — Mme DE VILLEROI.

— SAINTE-PAULE.

Magdelène de l'Aubespine, femme de Nicolas de Villeroi, fut, par son esprit et sa beauté, un des ornemens du seizième siècle. La cour de Charles IX, de Henri III et de Henri IV admira ses vertus, ses beaux yeux, et ses ouvrages. Plusieurs poètes la célèbrèrent; et Ronsard qui la chanta dans un sonnet, lui conseilla de substituer les lauriers qu'elle avait mérités à l'*Aubespine* qui composait son nom. Son principal ouvrage est une *traduction des Épitres d'Ovide*, dont on a fait souvent l'éloge. La France et les lettres perdirent cette femme célèbre, le 26 janvier 1596.

— Sainte Paule, née à Rome, en 347, tirait son origine des Scipions et des Gracques. Étant devenue veuve encore jeune, elle vécut dans la retraite, s'occupa soigneusement de l'éducation de ses enfans et employa une partie de ses biens à secourir les malheureux. Saint Jérome, qui la connut, vante ses vertus et sa sagesse. Elle mourut en 404. — On la fête le 26 janvier.

27 janvier. — ANNE DE HONGRIE.

Anne de Hongrie, fille de Ladislas VI, épousa Ferdinand d'Autriche, qui devint par ce moyen roi de Hongrie et de Bohême, et laissa ces deux couronnes aux empereurs d'Autriche, ses successeurs. La Transylvanie, soutenue par Soliman, empereur des Turcs, voulut disputer à Ferdinand la puissance qu'il venait d'acquérir, et vint mettre le siège devant Vienne. On dit que Ferdinand fut effrayé des forces des assiégeans, et que sa femme soutint alors seule son courage. Anne donna pendant ce siège des exemples de la plus grande fermeté, et c'est à la valeur qu'elle sut inspirer autour d'elle que l'Autriche dut la fin de cette guerre. Hilarion de Coste représente Anne de Hongrie comme l'une des plus belles femmes de son temps. Elle mourut à Prague le 27 janvier 1547. — Marie de Médicis et Anne d'Autriche, qui régnèrent en France étaient ses petites filles.

28 JANVIER. — Mlle BARBIER.

Marie Anne Barbier naquit à Orléans en 1680. De grands talens pour la poésie se développèrent en elle dès son enfance; elle se livra aux lettres aussitôt qu'elle fut libre, et vint se fixer à Paris. Elle donna au théâtre quatre tragédies : *Arrie et Pœtus, Cornélie, Tomyris, la Mort de Cæsar;* une comédie : *le Faucon;* et trois opéra : *les Fêtes de l'été, le Jugement de Pâris, les Plaisirs de la campagne.* Le théâtre de Mlle Barbier a été recueilli en un volume *in*-12. On y trouve du goût, du génie et de beaux vers, des scènes bien liées, des situations touchantes, des sujets bien choisis. Les hommes lui ont reproché qu'elle avait trop cherché à célébrer les femmes, et qu'en voulant faire les héroïnes de ses pièces grandes et généreuses, elle avait rabaissé les héros. Mais nos poètes masculins n'ont-ils pas presque tous une faiblesse opposée?.... Les ouvrages de Mlle Barbier eurent tous du succès ; et c'est par l'effet d'une injuste bizarrerie qu'elle n'est pas aussi connue qu'elle le mérite. — Elle fut enlevée aux Muses, le 28 janvier 1742 ou 1745.

29 JANVIER. — **LOUISE DE LORRAINE.**

LOUISE DE LORRAINE, fille d'Antoine de *Vaudemont*, née en 1554, princesse également belle et sage, épousa en 1575, Henri III roi de France. L'ambition n'était pas sa passion dominante. Elle avait conçu une grande tendresse pour le comte de Salm ; elle eut tant de regrets de n'avoir pu l'épouser, et le trône la consola si peu qu'elle tomba bientôt dans une espèce de langueur. Henri III, qui avait eu pour elle le plus violent amour devint alors indifférent. Louise ne fit rien pour regagner son cœur; elle refusa les secours de l'art pour réparer l'extrême pâleur de son teint que la mélancolie avait flétri. Elle poussa même le mépris de la parure jusqu'à s'habiller de laine. Avec cette conduite et ce caractère, Louise de Lorraine fut malheureuse, délaissée de son époux, et peu fêtée des courtisans. — Elle mourut le 29 janvier 1601, à Moulins où elle s'était retirée après la mort de Henri III. — Elle allait sans suite, souvent à pied, et vêtue si simplement que ceux des Français qui ne la connaissaient pas passaient devant elle, sans se douter que ce fût leur reine.

30 janvier. — MARGUERITE MORUS.
— LA REINE BATHILDE.

Marguerite Morus, fille du célèbre chancelier de ce nom, était attachée comme son père à la religion catholique. Thomas Morus n'ayant point consenti aux innovations de Henri VIII, ce prince résolut de le faire mourir. Pendant que des juges vendus instruisaient son procès, Marguerite trouva moyen de s'introduire dans la prison de son père, et d'avoir une entrevue avec lui. Elle n'en profita que pour le prier, au nom de tout ce qui lui était cher, de soutenir avec constance la cause de l'église. Morus fut condamné à la mort, qu'il reçut en martyr. Lorsqu'on le conduisait au supplice, sa fille se porta sur son passage, l'arrosa de ses larmes devant tout le peuple ; et quand la tête de son père fut tombée sous la hache du bourreau, elle acheta cette tête précieuse, dont elle ne sépara qu'à la mort. On voulut la punir, parce qu'elle conservait cette tête *comme une relique*; mais la manière dont elle se défendit inspira tant d'admiration à ses juges qu'ils n'osèrent la condamner. — Elle mourut le 30 janvier 1562. Souvent elle avait cherché dans les lettres un soulagement à sa douleur. Elle possédait plusieurs langues, et elle a laissé quelques ouvrages.

— Bathilde, reine de France, née en Angleterre au commencement du septième siècle, fut enlevée dans son enfance par des corsaires qui la vendirent à Archambaud, maire du palais, sous Clovis II. Des manières douces et polies, un esprit vif, une grande beauté, une vertu irréprochable la firent bientôt remarquer. Clovis II, séduit par tant de charmes l'épousa; elle se montra digne du trône. Après la mort de son époux, elle se retira dans le monastère de Chelles, où elle mourut en 680. — L'église l'a mise au rang des saintes. On la fête le 30 janvier.

31 janvier. — HIPPOLYTE CLAIRON.

Claire-Josephe-Hippolyte Leyris de la Tude, connue sous le nom de CLAIRON, naquit à Paris en 1724, de parens pauvres. Avec un goût décidé pour le théatre, elle débuta à l'âge de douze ans par un rôle de soubrette sur le théâtre des Italiens. Ce ne fut que sept ans après qu'elle parut au théâtre Français, où elle joua *Phèdre* avec tant de succès qu'elle éclipsa toutes ses rivales. La majesté de sa figure, la beauté de son organe, la noblesse de son maintien, la perfection de son jeu, la firent généralement admirer. On lui doit l'observance exacte du costume, suivant les personnages et les siècles. Elle quitta le théâtre en 1765, et vécut encore jusqu'au 31 janvier 1803. — Hippolyte Clairon a laissé des Mémoires bien écrits et remplis d'anecdotes piquantes. Ce qui étonne dans ce livre, c'est que, malgré tout son esprit, Clairon croyait aux revenans....

1.er FÉVRIER. — M.me DE VILLEDIEU.

Marie-Catherine des Jardins, née à Alençon, vers l'an 1640, montra de bonne heure un esprit précoce, une imagination vive. Elle eut trois maris, et porta toujours le nom du premier qui se nommait Villedieu. Cette dame qui était instruite, qui avait une manière d'écrire tendre et intéressante, beaucoup de vivacité et de coquetterie dans l'esprit, un style délicat et agréable, un pinceau vif, rapide, animé, nous a laissé plusieurs historiettes qui ont fait perdre le goût des longs romans. Ses œuvres forment une collection de dix volumes, où l'on trouve : les *Exilés de la cour d'Auguste*, les *Nouvelles africaines*, les *Annales galantes*, les *Mémoires du sérail*, *Lysandre*, les *Amours des grands hommes*, les *Ga-*

lanteries grenadines, les Désordres de l'amour, le Portrait des faiblesses humaines, etc. On reproche à Mme de Villedieu d'avoir gâté l'histoire et le roman, en prêtant de petites intrigues aux plus grands hommes de l'antiquité. Ce mélange dangereux de la vérité et de l'histoire ne sert en effet qu'à tromper le jugement des jeunes personnes. On doit encore à Mme de Villedieu deux tragédies : *Manlius Torquatus* et *Nitetis,* où l'on remarque de l'intérêt, des situations heureuses, mais beaucoup de vers faibles. Les mœurs de cette femme célèbre ne furent pas, dit-on, irréprochables. Peut-être l'envie a-t-elle exagéré les torts qu'on lui reproche. Elle mourut le 1.er février 1683, à Clinchemare, petit village du Maine, où elle s'était retirée.

2 février. — JEANNE DE NAPLES.

Jeanne première, reine de Naples et de Sicile, comtesse de Provence, née vers l'an 1326, n'avait que dix-neuf ans, lorsqu'elle prit le gouvernement de ses états. Elle était alors mariée à André de Hongrie qu'elle n'aimait point. Ce prince ayant été assassiné, elle fut soupçonnée d'être complice de ce meurtre; mais un consistoire, auquel elle assista, la déclara innocente; il n'est pas probable, en effet, que Jeanne ait consenti à ce crime; elle n'avait que dix-neuf ans; et depuis ce temps, on ne lui reprocha ni débauches, ni cruauté, ni injustice. Quoiqu'il en soit, le frère d'André de Hongrie s'avançait avec une grande armée pour tirer vengeance de sa mort. Jeanne fut obligée de fuir en Provence; et généralement sa vie fut empoisonnée de troubles et de disgrâces. Elle se maria quatre fois sans avoir d'enfans ; ce fut ce qui l'engagea à adopter un de ses parens, Charles de Duras, qu'elle regardait comme son fils, et à qui elle avait fait épouser sa nièce. Mais cet ingrat, dont elle ne connaissait point l'âme, prit les armes contre elle, la vainquit, la fit prisonnière, et l'enferma au château de Muro, où il la fit étouffer le 2 février 1382. Jeanne fut regrettée des savans et des gens de lettres, dont sa cour était l'asile. Elle joignait à une grande beauté les charmes de l'esprit et les qualités du cœur.

— Jeanne II, reine de Naples, petite nièce de la précédente, fille de Charles de Duras, fut une princesse d'un courage extraordinaire. Elle commanda en personne au siège de Naples, et prit cette ville en 1425. Elle protégea les sciences et fit fleurir la justice. Voilà

les seuls éloges qu'on puisse lui donner.
Ses mœurs étaient déréglées, et sa vie
n'est point un modèle à suivre. Elle
mourut en 1435, âgée de soixante-quatre
ans.

3 février. — BÉRENGÈRE.

Bérengère, reine de Castille et de
Léon, se rendit célèbre dans le douzième siècle par son esprit, sa beauté
et son mérite. Elle fut chère à son peuple,
dont elle fit le bonheur, respectée de ses
ennemis, qu'elle traita toujours avec noblesse. Les Maures ayant assiégé Tolède,
où elle se trouvait, ils la sommèrent de
se rendre. Bérengère leur fit dire que
des guerriers, aussi galans que braves,
ne devaient point trouver de gloire à
prendre une ville défendue par une
femme ; mais que s'ils voulaient se
rendre à Aureja, ils trouveraient le roi
de Léon disposé à les bien recevoir. Les

Maures consentirent à se retirer, à condition que Bérengère voudrait bien se montrer à eux sur les remparts de Tolède. La reine y parut avec toute la pompe convenable; et après lui avoir payé l'hommage de leur admiration, les Maures se retirèrent. Deux de leurs généraux ayant succombé ensuite dans une bataille, Bérengère ordonna qu'on mît leurs corps dans de riches cercueils, et qu'on les portât de sa part à leurs épouses.... Cette manière de faire la guerre a lieu d'étonner, dans un siècle de barbarie. — Bérengère fut enlevée à la terre le 3 février 1149.

4 février. — JEANNE DE FRANCE.

Jeanne de France, fille de Louis XI et femme de Louis XII, naquit en 1464. Elle était petite, contrefaite, un peu bossue; mais elle possédait toutes les qualités de l'esprit et du cœur. Néanmoins, comme on fait ordinairement plus de cas de la beauté du corps que de celle de l'âme, Jeanne de France fut malheureuse, malgré toutes ses vertus. Il serait difficile (dit le P. Berthier), d'imaginer une princesse plus illustre, plus infortunée, et plus sainte. Elle était née dans une cour pleine d'intrigues; et la simplicité, la candeur, firent son caractère. Elle fut liée à un époux qui ne l'aima jamais, et elle eut pour lui des attentions infinies. Ce prince (Louis XII) fut emprisonné comme rebelle, et elle imagina toutes sortes de moyens pour procurer sa délivrance, qu'elle obtint enfin par ses larmes et ses prières. On peut dire, pour justifier Louis XII, que n'étant que duc d'Orléans, et soumis au despotique Louis XI, il fut forcé d'épouser Jeanne qu'il n'aimait point; que ce prince, aussi aimable que son épouse l'était peu, ne put surmonter son aversion; et qu'aussitôt qu'il fut sur le trône, il demanda le divorce sous le prétexte que sa femme était stérile. Jeanne souffrit cette mortification sans murmure et sans se plaindre. Elle se retira à Bourges, où elle fonda l'ordre célèbre de *l'Annonciade* ou de l'Annonciation, dont l'habit était très-singulier : une ceinture de corde, un voile noir, un manteau blanc, un scapulaire rouge, une robe grise; tel était le vêtement des sœurs de l'Annonciade. Jeanne de France mourut à Bourges, le 4 février 1504, à l'âge de quarante ans. Benoît XIV l'a béatifiée en 1743. — Elle a fourni à M.me de Genlis le sujet d'une *Nouvelle* agréable.

5 février. — MARIE MARTINOZZI.

Marie Martinozzi, nièce du cardinal

Mazarin, née en 1638, épousa, à seize ans, le prince de Conti. Devenue veuve, dans sa vingt-huitième année, elle se retira de la cour; et entendant de toutes parts des plaintes amères sur les injustices et les déprédations de Mazarin, elle vendit tout ce qu'elle avait eu de l'héritage de ce ministre, en retira 800,000 francs, et les fit distribuer dans tous les endroits où la restitution put se faire justement. Pendant qu'on la bénissait d'une action aussi généreuse, elle fit de sa maison une espèce de retraite, où elle ne s'occupa plus que de l'éducation de ses enfans et de ses devoirs de piété. Elle mourut à l'âge de trente-quatre ans, le 5 février 1672.

6 FÉVRIER. — ANNE DE BEAUJEU.

ANNE DE FRANCE, duchesse de BEAUJEU, fille de Louis XI et de Charlotte de

5..

Savoye, passe pour l'une des plus spirituelles et des plus courageuses femmes de son siècle. Louis XI, qui connaissait son habileté, l'institua, par son testament, régente du royaume, pendant la minorité de Charles VIII. Cette préférence ayant soulevé les grands, donna lieu à une guerre civile; mais Anne, à la tête d'une armée, remporta une victoire complète sur les mécontens, et les soumit à son autorité. Elle avait autant de fermeté que de prudence; mais elle tenait un peu du caractère despotique de son père; elle était sur-tout vindicative. Louis XII, alors duc d'Orléans, n'ayant point répondu à la tendresse qu'elle avait pour lui, elle le tint long-temps en prison. Peut-être y serait-il mort, si Charles VIII, las d'être en tutelle, n'eût pris les rênes du gouvernement et délivré ce prisonnier. — Anne de Beaujeu mourut à l'âge de soixante ans, le 6 février 1522.

7 FÉVRIER. — MARIE CUNITZ.

Marie Cunitz, fille aînée d'un docteur en médecine, naquit en Silésie au commencement du dix-septième siècle, et fut élevée avec tant de soin que, très-jeune encore, elle parlait familièrement le français, l'italien, le latin, le grec et l'hébreu. Elle était également versée dans l'histoire, la médecine, les mathématiques, la peinture, la musique et la philosophie. Elle faisait des vers avec beaucoup de facilité, excellait dans la science des astres, et dans l'astrologie qui, de son temps, était en grande faveur. En relation suivie avec les plus grands astronomes, elle en fut estimée et recherchée; elle leur communiqua des découvertes utiles, et publia des mémoires qui offraient des idées neuves. — Marie Cunitz mourut le 7 février 1664.

Elle a laissé des *Tables astronomiques*, connues sous le nom de *Urania propitia*.

8 février. — ÉLÉONORE D'AUTRICHE.

Éléonore d'Autriche, reine de France, sœur de Charles-Quint, naquit à Louvain, en 1498. Une figure touchante, une âme sans détour, de l'esprit naturel, un port noble et modeste, un son de voix agréable, lui gagnèrent tous les cœurs. Elle épousa, en 1519, Emmanuel, roi de Portugal; et après la mort de ce prince, elle fut recherchée par François I.er. Le mariage se célébra auprès de Bordeaux. Les grâces et la bonté d'Éléonore la firent bientôt idolâtrer de son époux, et lui attirèrent les hommages des poètes français. Lorsqu'elle ménagea l'entrevue de Charles-Quint et de François I.er, on lui adressa une petite pièce de vers, qui fut ainsi traduite en français :

D'Hélène on chanta les attraits,
Auguste Éléonor, vous n'êtes pas moins belle ;
Mais bien plus estimable qu'elle :
Elle causa la guerre et vous donnez la paix.

Après la mort de François I.ᵉʳ, Éléonore, qui n'en avait point eu d'enfans, se retira d'abord dans les Pays-Bas, ensuite en Espagne, où elle mourut, auprès de Badajos, le 8 février 1558, âgée de soixante ans.

9 FÉVRIER. — AGNÈS SOREL.

AGNÈS SOREL, appelée par les poètes contemporains *la Belle des belles*, naquit en Touraine, vers l'an 1409. La nature en avait fait une des plus belles personnes de son temps; l'éducation en fit une des plus aimables. Charles VII ne put la voir sans l'aimer; et il l'aima si éperduement, qu'il abandonna pour elle le soin de son royaume et des affaires publiques. Les Anglais, cependant, étaient à-peu-près maîtres de la France. Agnès eut assez d'esprit pour prévoir les suites de l'indolence du roi; elle l'obligea de reprendre les armes; et afin de l'animer davantage contre les Anglais, elle lui dit un jour qu'elle allait le quitter à jamais. — Un astrologue m'a prédit, ajouta-t-elle, que je serais aimée du plus grand roi du monde. Cette prédiction ne vous regarde point, puisque vous laissez votre royaume à vos ennemis. Je passe donc à la cour du roi d'Angleterre.... Ces reproches et ce stratagème touchèrent tellement le monarque français, qu'il retrouva, dans l'amour, assez d'ambition pour sortir de la classe des rois fainéans. On sait que, sans faire lui-même d'actions éclatantes, Charles VII, s'étant mis à la tête des français, eut dès-lors, grâce à Jeanne-d'Arc et à quelques autres braves, le bonheur de chasser les Anglais, et de reconquérir la France. La belle Agnès, à qui il devait tant, gouverna ce prince jusqu'à sa mort, arrivée le 9 février 1450. Elle avait quarante ans.

10 FÉVRIER. — JEANNE DE LESTONAC.

— SAINTE SCHOLASTIQUE.

Jeanne de Lestonac, nièce du célèbre Montaigne, naquit à Bordeaux en 1556. Après la mort de Gaston de Montferrand son mari, dont elle avait eu sept enfans, elle renonça au monde et sacrifia les agrémens d'une figure charmante et les avantages d'une naissance distinguée, pour embrasser la vie religieuse. Mais elle avoit formé ce projet avec un but d'utilité. Elle fonda l'ordre des *Religieuses Bénédictines de la com-*

pagnie de Notre-Dame, pour l'instruction des jeunes filles. Cette congrégation ne fut pas plutôt approuvée, qu'elle se répandit en France ; et la fondatrice vit, avant de mourir, vingt-six maisons suivre son ordre. Jeanne de Lestonac cessa de vivre, à l'âge de quatre-vingt-quatre ans, le 10 Fevrier 1640.

— Sainte Scholastique, sœur de saint Benoît, s'était consacrée à Dieu dès son enfance, et vivait dans un monastère voisin de celui de son frère. Elle le visitait une fois l'an. On raconte qu'un jour aint Benoît l'étant allé voir, aprés qu'ils eurent fait ensemble la collation, le saint ayant voulu retourner à son monastère, malgré les prières que lui fit sa sœur de rester avec elle quelque temps encore, le ciel qui était serein, se couvrit de nuages ; et la pluie tomba si abondamment que Benoît fut contraint de demeurer. Trois jours après, étant seul dans sa cellule, saint Benoît eut une vision où il lui sembla voir l'âme de sa sœur qui montait au ciel. Il rendit grâces à Dieu et annonça à ses religieux la mort de sainte Scholastique. — On fête cette sainte le 10 fevrier.

11 FÉVRIER.—MARGUERITE DE WALDEMAR.

Marguerite de Waldemar, reine de Dannemarck, surnommée *la Sémiramis du Nord*, princesse aussi habile que courageuse, étonna le quatorzième siècle par ses exploits et son bonheur. En 1387, étant déjà veuve et régente, elle fut placée sur le trône de Dannemarck et sur celui de Norwège, par la mort de son fils qui avait remis sur sa tête ces deux couronnes. Albert, tyran de la Suède, ayant revolté ses sujets, ils appelèrent Marguerite pour les gouverner.

Elle vainquit le tyran dans une bataille rangée, où elle fit éclater ses talens, sa sagesse et son courage. Après sept ans d'une guerre opiniâtre, Albert et son fils furent pris et forcés de remettre à Marguerite la couronne de Suède. Maitresse alors de trois royaumes, Marguerite n'en déploya que plus de sagesse et d'habileté. Elle sut maintenir ses états dans une situation florissante et tranquille, et mourut, après vingt-six ans d'un règne glorieux, le 11 février 1412 — Elle avait de l'éloquence et un esprit profond, des grâces et de la noblesse, de la fermeté et du courage. On lui reproche quelques traits de despotisme.

12 Février. — JEANNE GRAY.

—— MARIE-ADÉLAÏDE DE SAVOYE.

Jeanne Gray, nièce de Henri VIII, n'avoit pas dix-sept ans, lorsqu'elle succéda à Edouard VI sur le trône d'Angleterre. Son ambition ne l'avait point élevée à ce poste dangereux; car quoique le testament d'Edouard l'appelât au trône, et que les grands du royaume la pressâssent d'en prendre possession, elle refusa d'abord, en représentant que d'autres avaient des droits mieux établis que les siens, et qu'elle voulait mener une vie privée. Mais les efforts du parlement et les acclamations du peuple qui espérait beaucoup d'une princesse aussi aimable qu'éclairée, aussi instruite que vertueuse, finirent par lui arracher son consentement. Elle fut proclamée reine à Londres. Mais bientôt le parti de la fameuse Marie l'emporta; le peuple et le parlement semblèrent se déclarer pour cette autre reine qui devenait la plus forte. Jeanne se dépouilla volontairement et sans regret d'une dignité qu'on lui avait donnée et qu'elle n'avait gardée que neuf jours. Mais la vindicative Marie la fit enfermer dans la tour de Londres; on instruisit son procès; son beau-père et son époux eurent la tête tranchée, et l'infortunée Jeanne fut condamnée au même supplice. Elle entendit son arrêt sans pâlir; se banda les yeux avec ses cheveux, et demanda seulement d'être frappée de la même hache qui avait tranché les jours de son mari. Cette princesse si intéressante périt sur l'échafaud, à dix sept ans, le 12 février 1554. — Ses malheurs ont fourni à Mme de Staël le sujet d'une tragédie.

— Marie Adélaide de Savoye, née à Turin en 1685, épousa en 1697 le duc de Bourgogne élève de Fénelon. Ce mariage fut le fruit de la paix conclue l'année précédente entre la cour de France et la cour de Turin. Le peuple ravi de voir la guerre terminée par cette alliance, appela la jeune duchesse, *Prin-*

cesse de la paix. Elle était faite pour rendre son époux heureux par la bonté de son caractère, la sensibilité de son cœur, la délicatesse de son esprit. Mais elle ne devait pas vivre long-temps. Elle fut enlevée à la France et à son époux (qui la suivit de très-près) le 12 février 1712, âgée de vingt-six ans. — Voici le portrait qu'en fait Saint-Simon dans ses Mémoires : » Douce, timide, mais adroite, elle était bonne jusqu'à craindre de faire la moindre peine à personne. Sa figure était laide : les joues pendantes, le front avancé, le nez qui ne disait rien, de grosses lèvres tombantes, mais des cheveux et des sourcils chatains-bruns fort bien plantés, des yeux les plus parlans et les plus beaux du monde, le plus beau teint et la plus belle peau, un port de tête galant, gracieux, majestueux, et le regard de même; le sourire le plus expressif; une belle taille, une marche de déesse sur les nues; elle plaisait au dernier point. Les grâces naissaient d'elles-mêmes de tous ses pas, de toutes ses manières et de ses discours les plus communs. »

13 février. — CATHERINE DE BOURBON.

Catherine de Bourbon, sœur de Henri IV, née à Paris en 1558, avait, comme son frère, la repartie vive, juste et prompte. Elle épousa, en 1599, Henri de Lorraine, duc de Bar. Ce mariage formé par la politique ne lui plaisait pas beaucoup parce qu'elle aimait le comte de Soissons. Lorsqu'on lui persuada que le duc de Bar était plus digne d'elle, elle répondit par un calembourg : — cela se peut; mais je n'y trouve pas mon *compte*.... Elle avait pour cuisinier Fouquet de la Varenne, qui était en même temps porteur des lettres secrètes de Henri IV. Il fit fortune dans ce second emploi; et Catherine lui dit : — tu as plus gagné à porter les *poulets* de mon frère, qu'à piquer les miens..... Elle persista dans la religion protestante; quoique son frère eût embrassé le catholicisme. Les calvinistes du Poitou ayant envoyé une députation à Henri IV : — Adressez-vous à ma sœur, leur dit le roi, car, mes amis, votre état est tombé en quenouille..... Catherine de Bourbon avait de la vertu et un mérite distingué. Elle mourut à Nancy, le 13 fevrier 1604. — Mlle de la Force a composé sur cette princesse un roman historique, sous le titre de *Mémoires de la duchesse de Bar, sœur de Henri IV.*

14 FÉVRIER. — Mme D'EPINAI.

La Comtesse d'Epinai, née à Valenciennes, joignait à une figure gracieuse un esprit plus gracieux encore. Jean-Jacques Rousseau la connut, et lui témoigna un long attachement; M.^{de} d'Epinay, qui l'appelait *son ours*, le logea dans un pavillon isolé de son jardin, et trouva des charmes dans sa société. Elle composa un ouvrage de morale, intitulé : *les Conversations d'Emilie*, 2 *vol*. in-12; couronné par l'Académie française en 1783, comme le meilleur livre d'éducation de l'année. Cet ouvrage est bien écrit et renferme en effet tout ce qu'on peut apprendre de morale à un enfant de douze ans. — Madame d'Epinai mourut dans son printemps, le 14 fevrier 1784, selon quelques biographes; un peu plus tôt selon d'autres. On vient de publier ses Mémoires.

15 février. — CATHERINE DE BADAJOZ.

Catherine de Badajoz se rendit célèbre en Espagne, dans le seizième siècle, par un talent véritable pour la poésie latine. Elle possédait plusieurs langues et n'était pas moins vertueuse que savante et spirituelle. Les ouvrages qu'elle publia promettaient à l'Espagne une femme illustre de plus, lorsqu'elle mourut à l'âge de vingt-sept ans, le 15 fevrier 1553.

16 février. — Mme DE SAINT-BALMONT.

La comtesse de Saint-Balmont, d'une famille illustre de Lorraine, réunit aux charmes de la figure et à la modestie d'une femme vertueuse, les dons de l'esprit et la valeur d'un guerrier. Avec un assemblage de qualités si belles, elle s'attira l'admiration de tous ceux qui la connurent. Ayant été insultée par un militaire, en l'absence de son mari, elle prit un habit d'homme et lui donna un défi, sous le nom de son frère. Le militaire fut désarmé; mais elle lui rendit son épée, et le pria, en se faisant connaître, de respecter un peu plus les dames. On peut dire de madame de Saint-Balmont ce qu'on disait de César: Elle maniait également bien la plume et l'épée. On a de cette dame une tragédie intéressante imprimée en 1650, sous le titre des *Jumeaux martyrs*. — La comtesse de Saint-Balmont mourut le 16 février 1661.

17 FÉVRIER. — Mme DESHOULIÈRES.

ANTOINETTE du Ligier de la Garde, femme de Guillaume de Lafon, seigneur Des Houlières, née à Paris, en 1634, des académies de Padoue et d'Arles, s'attira la plus grande célébrité par ses poésies, et sur-tout par ses *Idylles*, qui surpassent tout ce que nous avons de plus parfait en ce genre. La nature avait joint en elle les grâces de la figure aux charmes de l'esprit. Deshoulières, son époux, vivement touché de tant de qualités si précieuses, fut pour elle un amant toujours tendre. Cette dame ayant été arrêtée à Bruxelles, en 1657, fut livrée aux Espagnols, qu'elle avait, dit-on, offensés dans ses écrits ; on l'enferma comme criminelle d'état ; et elle avait tout à craindre, même pour sa vie, si Deshoulières, exposant ses jours pour sauver sa femme, ne se fût introduit, sous un faux prétexte, dans sa prison, et n'eût trouvé moyen de la délivrer.

Mme Deshoulières avait une beauté peu commune, des manières nobles, un ton prévenant, de l'enjouement et de la vivacité dans l'esprit, et cette douce mélancolie qui a tant de charmes dans ses vers. Elle dansait bien, montait à cheval avec aisance, et mettait de la grâce à tout ce qu'elle faisait. Elle n'était pas moins vertueuse qu'aimable. Le grand Condé fut du nombre de ses adorateurs; elle résista à ce héros comme à tous ceux qui lui adressèrent leurs hommages. Elle connaissait fort bien le latin, l'italien et l'espagnol. C'est pendant une maladie longue et cruelle, qui l'emporta le 17 février 1694, qu'elle composa ses idylles les plus touchantes et ses réflexions morales. Ses œuvres forment deux volumes, où l'on trouve des *Églogues*, des *Odes*, une tragédie de *Genseric*, des *Épigrammes*, des *Chansons*, etc., et des *Idylles*, où elle excellait, où personne n'a pu encore égaler sa naïveté, son naturel, et la fraîcheur de ses images.

18 février. — MARIE STUART.

Marie Stuart, fille de Jacques V, roi d'Écosse, nièce de Henri VIII, hérita du trône de son père, huit jours après sa naissance, en 1542. A l'âge de six ans, elle vint en France, où elle fut élevée avec le plus grand soin. Marie avait un esprit vif, une mémoire facile, une pénétration peu commune. A douze ans, elle savait le français, l'anglais, l'italien, le latin et l'espagnol. Ces heureuses dispositions étaient encore relevées par une âme noble, un cœur généreux, un grand courage, une rare beauté, un port majestueux. Henri VIII voulut la marier avec le prince Édouard son fils, afin de réunir les deux royaumes. Mais ce mariage n'ayant pas pu se faire, elle épousa, en 1558, François Dauphin de France, fils et successeur de Henri II.

Elle en fut adorée, et pendant les dix-sept mois qu'elle fut leur reine, les Français l'admirèrent et la chérirent. Mais François II étant mort sans laisser de postérité, Marie se retira en Écosse, où ses sujets la reçurent avec les plus vifs transports de joie. Elle épousa alors, en secondes noces, Henri Stuart Darnley, son cousin, à qui elle donna le titre de roi. Mais cet homme infâme n'était pas digne de tant d'amour; il tua devant la reine un vieux musicien italien qu'elle aimait, et se fit tellement haïr qu'il fut assassiné dans une maison de campagne isolée. Élisabeth régnait alors sur l'Angleterre. Elle n'avait pu voir, sans une basse envie, les belles qualités de la reine d'Écosse et l'amour qu'on lui portait. Marie avait aussi des droits sur l'Angleterre : Élisabeth la regarda bientôt comme une rivale odieuse. Quelques imprudences, et l'ambition de plusieurs seigneurs écossais, avides de troubles, ayant amené une guerre civile en Écosse, Marie fut obligée de chercher un asyle en Angleterre, où elle ne trouva qu'une prison, et enfin la mort, après dix-huit ans de captivité et de misères.

Élisabeth la fit d'abord recevoir avec honneur; mais lorsqu'elle la tint en son pouvoir, elle lui fit dire qu'*on l'accusait du meurtre de Henri Stuart son époux, et qu'elle devait s'en justifier*. On nomma des commissaires pour instruire ce grand procès. Marie, malgré sa disgrâce, avait de nombreux amis; il se formait en sa faveur, disait-on, des complots contre Élisabeth; une flotte espagnole arrivait pour la délivrer; les Écossais se préparaient à une irruption sur l'Angleterre; les Français venaient de débarquer dans le duché de Sussex, etc Tous ces bruits, qui alarmaient Élisabeth, hâtèrent le jugement de Marie. Quarante-deux membres du parlement et cinq juges du royaume l'interrogèrent dans sa prison; on n'osa lui confronter aucun témoin : on avait eu la précaution de les faire mourir. On ne trouva aucune preuve du crime qu'on lui imputait : et quand même on eût prouvé que Marie était coupable, Élisabeth n'avait aucun droit sur elle.

Quoiqu'il en soit, des juges vendus la déclarèrent coupable. Elle apprit avec courage sa condamnation. — Je suis cousine de votre reine, dit-elle au comte de Kent; je suis du sang royal de Henri VIII; j'ai été reine de France par mariage; j'ai été sacrée reine d'Écosse; les Anglais ont trempé plus d'une fois leurs mains dans le sang de leurs rois; je suis de ce même sang; ainsi il n'y a rien d'extraordinaire dans ma mort et dans leur conduite.... Le jour de son

supplice, elle se leva de grand matin, pour ne pas en retarder l'exécution, et s'habillant d'une robe de velours noir:
— J'ai gardé cette robe pour ce grand jour, dit-elle, parce qu'il faut que j'aille à la mort avec un peu plus d'éclat que le commun.... Après qu'elle se fut communiée elle-même, avec une hostie consacrée que le pape Pie V lui avait envoyée, on la conduisit à l'échaffaud. Elle avait quarante-cinq ans, et n'avait presque rien perdu de ses charmes et de ses grâces. Elle se déshabilla elle-même, ne témoigna aucune frayeur, et tendit sa tête au bourreau.... Cette tête, qui avait porté deux couronnes, fut montrée au peuple, comme celle d'un scélérat.... C'était le 18 février 1587.

19 FÉVRIER. — LAURE BASSI.

LAURE BASSI, née à Bologne, au commencement du dix-huitième siècle, se rendit si célèbre dans la médecine, que sa patrie l'honora, en 1732, du bonnet de docteur, en présence du sénat, du pape et de plusieurs cardinaux. Elle mit le comble à sa réputation, par les leçons de physique expérimentale qu'elle donna publiquement pendant trente-trois ans. Elle était en relation avec tous les savans de l'Europe, qui recherchaient ses conseils et admiraient sa prodigieuse érudition. La littérature grecque, latine, française, lui était aussi familière que l'italienne. Ses mœurs étaient irréprochables; ses talens et sa bourse toujours au service du pauvre. Cette femme admirable, dont toute la vie ne fut qu'une suite d'actions utiles ou vertueuses, mourut dans un âge très-avancé, à Bologne, le 19 février 1778.

20 FÉVRIER. — CLAUDE DE LORRAINE.

Claude de France, duchesse de Lorraine, fille de Henri II et de Catherine de Médicis, naquit à Fontainebleau, en 1547. Elle n'eut rien du caractère de sa mère. Son heureux naturel la fit rechercher de bonne heure. On la maria extrêmement jeune à Charles, duc de Lorraine, dont elle sut toujours se faire aimer. Elle posséda aussi le cœur de ses sujets, parce qu'elle fut avec eux bienfaisante et vertueuse. Sa mort arriva l 20 février 1575.

21 FÉVRIER. — M.lle DUMESNIL.

Marie-Françoise Dumesnil, célèbre actrice du Théâtre Français, naquit à Paris, en 1713, et débuta en 1737 par le rôle de Clytemnestre, dans l'*Iphigénie* de Racine. Son extérieur n'annonçait pas une reine de théâtre, et ne répondait pas toujours au pathétique de son jeu. Mais quand la passion l'emportait, M.^{ll} Dumesnil semblait n'avoir plus rien d'elle-même. Sa voix était terrible, ses regards foudroyans; son débit animé, brûlant, désordonné, électrisait toutes les âmes. Elle se fit un grand nom dans les rôles de *Médée*, de *Cléopâtre*, d'*Athalie*, de *Mérope*, d'*Agrippine*, etc. Voltaire, La Harpe, Boissy, et presque tous les poètes contemporains lui adressèrent des hommages poétiques. Elle quitta le théâtre dans un âge très-avancé, et mourut à quatre-vingt-dix ans, le 21 février 1803. — On lui attribue des *Mémoires* publiés en 1759.

22 FÉVRIER. — Mme DE CAYLUS.

MADAME DE CAYLUS se rendit célèbre par ses grâces, et se fit un nom immortel par son charmant petit ouvrage intitulé *les Souvenirs de Caylus*. On sait peu de choses sur sa vie; elle a été chantée par le marquis de la Fare, et par les plus aimables poètes du même temps. — Quelques-uns placent sa mort au 22 février 1755.

23 FÉVRIER. — MARIE HUBER.

MARIE HUBER ou HUBERT, née à Genève, en 1694, se fit, au commencement du dix-huitième siècle, un grand nom par ses ouvrages savans. Elle s'occupa principalement de théologie, et publia avec succès: *le Monde fou préféré au Monde sage; le Système des théologiens anciens et modernes, sur l'état des âmes séparées des corps; un abrégé du Spectateur anglais; Lettres sur la religion essentielle à l'homme;* ce dernier ouvrage a été traduit en anglais et en allemand. Mlle Huber avait de l'esprit et des idées; mais elle n'avait jamais étudié d'autre livre que la Bible, et elle suivait la religion protestante. Elle mourut à Lyon, le 23 février 1753.

24 FÉVRIER. — LA COMTESSE D'ALET.

Cette dame n'est guère connue que par une pièce de vers intitulée : *la Calomnie*. Ce petit morceau, où l'on trouve de beaux vers, de l'élégance, de la facilité, prouve que la comtesse D'ALET avait un vrai talent pour la poésie. — Elle mourut le 24 février 1702.

25 FÉVRIER. — MARGUERITE KIRCH.

MARIE-MARGUERITE KIRCH naquit à Panitz, en Haute-Saxe, le 25 février 1670, et montra de bonne heure les plus grandes dispositions pour les hautes sciences. Elle étudia l'astronomie et y fit des découvertes qui lui attirèrent l'admiration et les éloges des savans. Leibnitz, qui appréciait le rare mérite de cette dame, la présenta à la cour de Prusse, où elle resta long-temps. La mort l'ôta aux sciences, en décembre 1720; elle laissait un fils (Christian Kirch), qui s'est fait un nom dans l'astronomie, et deux filles qui s'occupèrent aussi de cette science. — Marguerite Kirch publia plusieurs almanachs, qui eurent le plus grand succès.

26 FÉVRIER. —FRANÇOISE D'AMBOISE.

FRANÇOISE D'AMBOISE épousa Pierre IIme du nom, duc de Bretagne. Dans les premières années de son mariage, elle eut beaucoup à souffrir de l'humeur sombre et rude de son époux, qui, dans un accès d'emportement, en vint jusqu'à la frapper. Un pareil outrage l'affligea si cruellement, qu'elle en tomba malade. Pierre la voyant à l'extrémité, lui demanda pardon : il n'en fallut pas davantage pour lui rendre la vie. Les deux époux vécurent depuis dans la plus grande union. Mais Pierre, qui devait son humeur noire à une mauvaise santé, fit bientôt une maladie longue et douloureuse, qui l'emporta malgré les tendres soins et les veilles assidues de sa femme. Lorsque Françoise fut veuve, on employa les prières, la violence, et la ruse, pour l'obliger d'épouser le duc de Savoie, qui la désirait ardemment à cause de sa vertu. Mais tout fut inutile. Elle se fit carmelite, et mourut dans l'habit religieux, le 26 février 1485.

27 FÉVRIER. — Mme DE BOUFFLERS.

LA MARQUISE DE BOUFFLERS, amie intime du philosophe de Ferney, se distingua au dernier siècle par son esprit, la tournure piquante de ses vers, et ses idées philosophiques. Cette dame, qui faisait les délices de la cour du roi Stanislas, à Lunéville, a passé, en 1764, pour avoir eu grande part à l'ouvrage intitulé *les Passions*, parce qu'on y trouva celles de l'amour et de l'ambition rendues d'une façon neuve, et avec les grâces qui distinguent la plume de cette dame. Mme de Boufflers mourut le 27 février 1772. Voici une de ses épigrammes :

> Voyez quel malheur est le mien,
> Disait une certaine dame ;
> J'ai tâché d'amasser du bien,
> D'être toujours honnête femme ;
> Je n'ai pu réussir à rien.

28 FÉVRIER. — LA REINE OGIVE.

OGIVE ou OGINE, reine de France,

femme de Charles le Simple, se rendit célèbre par sa beauté, son génie et son courage. Son mari ayant été fait prisonnier par le comte de Vermandois, avec qui il était en guerre, Ogive fit les plus grands efforts pour le sauver; comme toutes ses démarches furent inutiles, elle chercha un asyle en Angleterre, et y resta pendant les sept ans que durèrent les troubles de la France et la captivité de Charles-le-Simple. Elle avait emmené avec elle Louis, son fils, surnommé *d'Outremer*, qu'elle éleva avec sagesse, et qui régna ensuite sur la France. — Quelques-uns placent la mort d'Ogive au 28 février 945.

FRÉDÉGONDE, femme de Chilpéric I.ᵉʳ, mère de Clotaire II, reine de France, mourut le 28 février 597.

29 FÉVRIER. — AGLASIE.

Aglasie est le nom d'une dame gauloise, qui mourut le 29 février 368, et qui n'est guères connue que par les éloges que saint Jérôme en a faits. Il la mettait au nombre des plus savantes femmes de son temps, et vante autant ses vertus et sa sagesse que son génie et sa science.

1.ᵉʳ MARS. — JULIENNE DUGUESCLIN.

Julienne Duguesclin, tante de Bertrand Duguesclin, avait embrassé la vie religieuse, et s'immortalisa par un trait de courage. Sous le règne du roi Jean, le château de Pontorson, en Normandie, fut confié à la garde de Duguesclin. Une nuit qu'il était absent, un avanturier anglais, nommé Felleton, voulant se signaler par quelque exploit remarquable, vint escalader le château de Pontorson. Il s'était ménagé une intelligence avec deux servantes de la mère de Duguesclin. Il s'approcha des murailles pendant que tout était plongé dans un profond sommeil; et déjà il avait dressé quinze échelles, lorsque la mère de Duguesclin, à démi-éveillée, s'écria qu'on attaquait la place. Julienne, qui couchait avec elle, se jette hors du lit, prend la première armure qu'elle rencontre, monte sur les remparts, renverse les échelles, en poussant des cris d'alarmes, et appelant la garnison à son aide, elle oblige les Anglais à reculer. Felleton découvert se retirait ; mais, pour son malheur, il trouva Duguesclin sur sa route, et en fut fait prisonnier. — Depuis cette aventure, le héros eut toujours une espèce de vénération pour Julienne, qui expira dans un âge avancé, le 1.er mars 1384.

2 MARS. — THÉOLINDE DE BAVIÈRE.

Théolinde de Bavière, reine de Lombardie, se fit remarquer, au sixième siècle, par une beauté peu commune et toutes les qualités de l'esprit et du cœur. Elle était fort jeune, lorsque Authaire, roi des Lombards, entendant ce que la renommée publiait d'elle, désira de l'avoir pour épousé, et la regarda comme la plus précieuse conquête qu'il pût faire. Il alla lui-même à la cour de Bavière; et sitôt qu'il eut vu la princesse, et qu'il eut été admis à converser avec elle, sa passion ne put plus se contenir; il la demanda en mariage et l'obtint. Les noces se célébrèrent avec magnificence, et Authaire coula des jours heureux auprès de sa jeune épouse. Dans une longue guerre qu'il fut obligé de soutenir, il confia à Théolinde la régence de ses états; elle montra, dans son administration, tant de talens et de sagesse, que tout son peuple la bénit. Le roi des Lombards étant mort dans cette guerre, Théolinde voulait retourner dans la Bavière, sa patrie; les Lombards, qui l'aimaient, s'y opposèrent, lui offrirent la couronne, et la prièrent de se choisir un autre époux. Théolinde fut obligée de se rendre à leurs vœux; elle régna long-temps dans la paix la plus glorieuse, et fut enlevée à l'amour de ses sujets, le 2 mars 607.

3 mars. — CATHERINE DESCARTES.

Catherine Descartes, nièce du célèbre philosophe dont elle portait le nom, soutint dignement la gloire de son oncle, par son esprit et son savoir. Elle était fort instruite, et écrivait d'une manière distinguée en vers comme en prose. On a d'elle la *Relation de la mort de Descartes*, et *l'Ombre de Descartes*, pièces mêlées de prose et de vers, où l'on trouve toujours du naturel, de la vivacité, de la délicatesse. Un bel esprit disait, à propos de cette femme célèbre, que *l'esprit de René Descartes était tombé en quenouille*...... Catherine mourut à Rennes, le 3 mars 1706. Elle était amie intime de M.{lle} de Scudéri.

4 mars. — M.me et M.lle DESROCHES.

Magdeleine Neveu, femme d'André Desroches, et Catherine, sa fille, nées l'une et l'autre à Poitiers, se distinguèrent, vers le milieu du seizième siècle, par leur goût pour les belles-lettres, leurs talens pour la poésie, et la connaissance qu'elles avaient des langues savantes. On ne peut séparer ces deux femmes, que l'étude, le sang, l'inclination avaient unies, et que la mort ne sépara point. M.me Desroches, devenue veuve, ne s'occupa que de l'éducation de sa fille, en qui elle trouva l'amie la plus tendre, et qui refusa plusieurs fois de se marier par tendresse pour sa mère. Leurs poésies, qui sont un peu oubliées, eurent, dans leur temps, un succès extraordinaire; et les ouvrages qu'elles composèrent ensemble furent vantés de tous les beaux esprits. Ces deux rivales illustres, ces deux tendres amies désiraient ne pas se survivre : elles furent emportées le même jour par une maladie épidémique qui désolait Poitiers, le 4 mars 1587.

5 mars. — ISABELLE LOSA.

Cette savante espagnole naquit à Cordoue, en 1473. Elle étudia, presque sans maître, le latin, le grec, l'hébreu, la théologie, et s'y rendit si habile, qu'elle reçut le bonnet de docteur en cette Faculté. Dans un âge avancé, Isabelle Losa voyagea en Italie, y fonda l'hôpital de Lorette, et fut enlevée aux malheureux, qu'elle comblait de ses bienfaits, le 5 mars 1546. — Elle avait soixante-treize ans.

6 MARS. — M.me DREUILLET.

ÉLISABETH de Montlaur, née à Toulouse, en 1656, épousa fort jeune M. Dreuillet, président au parlement de cette ville, dont elle mérita l'amour par sa douceur et ses vertus, comme elle avait déjà gagné l'admiration de ses concitoyens par ses heureux succès dans la littérature. Après avoir fait l'ornement de Toulouse, par son esprit et sa beauté, M.me Dreuillet, ayant perdu son mari, vint s'établir à Paris, où elle fut bientôt recherchée des sociétés les plus choisies. Elle s'attacha à la cour de la duchesse du Maine, et en fit long-temps les délices. On doit, à cette aimable dame, des vers agréables, des chansons, des contes, dont quelques-uns se trouvent dans *l'Anthologie*. —M.me Dreuillet mourut à Sceaux, âgée de soixante-quatorze ans, le 6 mars 1730.

7 MARS. — M.me DE GUÉBRIANT.

RÉNÉ du Bec-Crépin, femme du maréchal de GUÉBRIANT, montra la fermeté d'un homme jointe à ce talent de persuader et de plaire, si naturel à son sexe. Elle fut chargée de conduire au roi de Pologne la princesse Marie de Gonzague, qu'il avait épousée à Paris par procuration ; et ce fut pour M.me de Guébriant que l'on créa, dans cette circonstance, le titre d'Ambassadrice. Elle soutint ce caractère et remplit sa mission, avec autant de dignité que de prudence. L'historien du maréchal de Guébriant, convient qu'il dut la moitié de sa gloire à sa femme ; et que, sans les conseils de celle-ci, il n'eût pas gagné le grade de maréchal de France. — La maréchale de Guébriant mourut à Périgueux, le 7 mars 1659, au milieu des honneurs que lui avait attirés son mérite.

8 mars. — CATHERINE DE LORRAINE.

Catherine de Lorraine, duchesse de Nevers, fille du duc de Mayenne, nièce de Guise le-Balafré, naquit en 1585, et épousa à quinze ans Charles de Gonzague, duc de Nevers et depuis duc de Mantoue. C'était une princesse de la plus grande vertu, dit un contemporain; elle était extrêmement belle, et Henri IV en était devenu amoureux. Mais quoiqu'elle honorât fort la personne du roi, elle rejetta sa passion, et quitta la cour pour éviter de le voir. Comme on a mis dans le nombre des femmes célèbres, des maîtresses de rois, qui ne se sont distinguées que par de lâches faiblesses, il me semble qu'on doit au moins citer aussi les femmes vertueuses... Catherine de Lorraine avait encore de l'esprit, de la prudence, des connaissances très-étendues. Elle mourut jeune le 8 mars 1618.

9 MARS. — LOUISE CONTAT.

LOUISE CONTAT, née à Paris en 1760, débuta au Théatre Français, en février 1776, par le rôle d'*Atalide*, de *Bajazet*. Une diction sage, un maintien noble, de la grâce et de la finesse, firent beaucoup espérer de son talent. Beaumarchais créa pour elle le rôle de *Suzanne*, du *Mariage de Figaro*; elle le joua avec un succès qui surpassa toute attente. Elle se fit bientôt un grand nom, dans les rôles de la *Coquette corrigée*, d'*Elmire*, de *Célimène*, etc. Mais sa gloire est trop récente pour qu'il soit besoin de la retracer. — Mlle Contat est morte, le 9 mars 1813, âgée de cinquante-trois ans.

10 MARS. — M.ᵐᵉ DE LA SUZE.

> C'est Junon par sa naissance,
> Minerve par sa science,
> Et Vénus par sa beauté.

Ces trois vers sont l'histoire abrégée d'Henriette de Coligny, si connue sous le nom de Comtesse de la Suze. Elle naquit à Paris en 1618, dans la religion protestante, et joignit de bonne heure un esprit aimable, un vif amour de la gloire, à une figure douce, mélancolique et touchante. Comme son extrême beauté lui attirait un grand nombre d'adorateurs, le comte de la Suze, son mari, qui pourtant devait compter sur sa vertu, la rendit malheureuse à force de jalousie. Il en vint même jusqu'à l'enfermer dans un vieux château. Elle quitta alors la religion réformée pour embrasser le catholicisme. Ce motif fit casser son mariage et la délivra de son tyran. Mme de la Suze ne profita de sa liberté que pour se livrer uniquement à la poésie et aux Belles-Lettres, qu'elle aimait avec enthousiasme. Elle poussa si loin cet amour pour la littérature qu'elle en négligea ses affaires domestiques, et que son bien se dérangea. Mais elle vit d'un œil très-philosophique le délâbrement de sa fortune. Un huissier vint un matin saisir ses meubles; elle était encore au lit. Elle pria l'homme noir de la laisser dormir deux heures, ce qu'on eut la rare politesse de lui accorder. Elle se leva à midi, et dit à l'huissier, qu'elle allait dîner en ville, et *qu'elle le laissait le maître chez elle.....* Mme de la Suze a excellé dans *l'élégie; ses madrigaux* sont jolis, ses *chansons* délicates. Les plus grands esprits de son temps l'ont célébrée dans leur prose et dans leurs vers. — Elle fut enlevée aux muses, le 10 mars 1673. Ses œuvres forment deux ou trois volume in 12.

11 mars. — FRANÇOISE DE FOIX.

Françoise de Foix, comtesse de Chateaubriand, sœur du fameux Lautrec, fille de Phébus de Foix, naquit en 1475, et mérita par sa beauté, son esprit et ses grâces, l'attachement de François I.er qui lui préféra pourtant la duchesse d'Estampes. « J'ai ouï raconter, dit Brantome, que lorsque le roi François I.er abandonna M.me de Chateaubriand, M.me d'Estampes le pria de lui retirer les beaux joyaux qu'il lui avait donnés, non pour le prix et la valeur, car pour lors les pierreries n'avaient pas la vogue qu'elles ont eue depuis, mais pour l'amour des belles devises qui y étaient gravées et empreintes, lesquelles la reine

de Navarre sa sœur avait composées. Le roi François lui accorda sa prière; et ayant envoyé un gentilhomme vers madame de Chateaubriand pour les lui demander, elle remit le gentilhomme à trois jours de là, et lui dit qu'il aurait alors ce qu'il demandait. Cependant elle envoya quérir un orfèvre, fit fondre tous les joyaux, sans respect pour les belles devises qui y étaient gravées, et dit au gentilhomme : — Portez cela au roi, et dites lui que puisqu'il veut me reprendre ce qu'il m'a donné, je le lui rends en lingots. Quant aux devises, elles sont dans ma pensée.... — Rendez-lui le tout, dit le Roi en apprenant cette nouvelle; elle a montré plus de courage et de générosité que je ne l'avais pu prévoir....»
On place la mort de la comtesse de Chateaubriand au 11 mars 1537.

12 MARS. — OLYMPE DE SÉGUR.

Olympe de Ségur donna à son siècle un grand exemple d'amour conjugal. Le marquis de Belcier, son mari, ayant été constitué prisonnier d'état au Château-Trompette, Olympe de Ségur, informée que celui qu'elle chérissait uniquement, courait danger de la vie, prit la résolution de le délivrer. Elle obtint, non sans peine, la permission de le voir, entra dans sa prison; et aussitôt qu'elle fut seule avec lui, elle lui persuada de prendre ses habits et sa coiffure, et de sortir hardiment, déguisé de la sorte. Le marquis de Belcier refusa d'abord, dans la crainte d'exposer la vie de sa femme; mais Olympe le rassura si bien, qu'il se rendit à ses raisons. Il était déja nuit; l'entreprise eut un heureux succès; Belcier s'esquiva, à la faveur des habits de sa femme, sans être reconnu des sentinelles. Sa généreuse épouse était restée prisonnière à sa place. Mais lorsque son beau dévouement fut connu, elle obtint, avec sa liberté, la grâce de son mari. — Si l'on en croit Hérodote, des femmes lacédémoniennes sauvèrent leurs époux par le même stratagême, et obtinrent pareillement leur grâce et celle de leurs maris. — Mais pourquoi chercher si loin des traits qui se sont renouvelés de nos jours? M.me de La Valette n'est point oubliée. — Un biographe place la mort d'Olympe de Ségur, au 12 mars 1710.

13 MARS. — MARIE-JOSEPHE DE SAXE.

» Sage dans le conseil, active dans
» les affaires, douée de cette chaleur et
» de cette patience que donnent le dé-
» sir d'être utile et l'oubli de soi-même,

» elle joignait à ces avantages cette dis-
» crétion sage et éclairée qui fait pré-
» parer et consommer les succès. « Tel
est le tableau que fait un contemporain
des vertus publiques de MARIE JOSEPHE
DE SAXE. Femme de Louis dauphin,
mère de Louis XVI, elle déploya avec
son époux et dans l'éducation de son fils
toutes les vertus privées. Elle avait beaucoup étudié pour pouvoir veiller elle-
même à l'instruction de ses enfans; elle
était assidue à tous leurs exercices, leur
donnait elle-même l'exemple du travail,
et recueillait chaque jour le fruit de ses
soins. Tout semblait alors lui promettre
une vie heureuse et longue. Mais le
Dauphin son époux étant tombé malade,
les soins pénibles qu'elle ne cessa de
lui donner dans cette lente maladie, les
larmes qu'elle ne cessa de répandre, depuis la mort de ce prince, l'enlevèrent
elle-même après 15 mois de langueur

et de tristesse, le 13 mars 1768, à l'âge de trente-cinq ans. Son amour pour ses enfans, l'attention qu'elle donna, jusqu'à sa dernière heure, à toutes les parties de leur éducation; ses autres qualités, sa piété, ses vertus la firent vivement regretter de toute la France.

14 MARS. — Mme DUNOYER.

— SAINTE-MATHILDE.

Mme DUNOYER, née Anne Marguerite Petit, vit le jour à Nîmes en 1663. Elle était de la famille du jésuite Cotton, et pourtant elle mourut dans le protestantisme. Le penchant qu'elle avait pour cette religion l'engagea à se retirer en Hollande, où elle n'eut d'autre ressource que les fruits de sa plume. Elle publia des *Lettres historiques d'une dame de Paris à une dame de province*, qui eurent le plus grand succès. Ces lettres sont semées d'anecdotes, dont quelques-unes sont à la vérité sans fondement; mais la plupart piquantes, agréables, écrites d'un style facile, et souvent assaisonnées de bonnes plaisanteries. Ce qui prouve que les lettres de Mme Dunoyer ont un mérite réel, c'est qu'elle eut une foule d'imitateurs; c'est qu'on les lit encore avec plaisir, et qu'on ne trouve guères de recueils d'anecdotes qui ne contiennent quelques morceaux de cette dame. — Mme Dunoyer mourut le 14 mars 1720, avec la réputation d'une femme ingénieuse, et quelquefois bizarre. Elle a laissé des *Mémoires* qui, avec ses lettres, forment 9 vol. *in-*12.

— MATHILDE, ou MAHAUD, femme de Henri-l'Oiseleur, roi de Germanie, fut mère de l'empereur Othon, dit le Grand, et aïeule maternelle de notre Hugues Capet. Elle passa ses jours dans les exercices de piété, fit de grandes aumônes, bâtit plusieurs monastères, et mourut saintement à l'abbaye de Quedlimbourg, le 14 mars 968. — L'église l'a canonisée; on célèbre sa fête le jour de sa mort.

15 mars. — LOUISE DE MARILLAC.

Louise de Marillac, veuve d'Antoine Légras, fonda avec Vincent de Paule *les sœurs de la Charité.* C'en est assez pour que la postérité chérisse sa mémoire, puisque tous les malheureux bénissent son nom. On sentit bientôt les précieux avantages de cet établissement; on admira d'un accord unanime le dévouement héroïque de ces pieuses filles, qui se consacrent au soulagement des pauvres malades, qui passent leur vie au milieu des mourans, et remplissent si généreusement ces soins les plus vils, avec un courage que l'hu-

manité seule ne pourrait donner. » Peut-
» être n'est-il rien de plus grand, dit
» Voltaire, que le sacrifice que fait un
» sexe délicat, de la beauté et de la jeu-
» nesse, souvent de la haute naissance,
» pour soulager dans les hôpitaux ce
» ramas de toutes les misères humaines,
» dont la vue est si humiliante pour notre
» orgueil, et si révoltante pour notre
» délicatesse. « Louise de Marillac eut
le bonheur de voir avant de mourir plus
de trois cents établissemens de son ordre
dans la France et la Pologne. Après un
si grand bienfait, elle aurait pu croire
qu'elle avait fait assez : elle voulut con-
tribuer aussi à l'établissement des en-
fans-trouvés, étendit ses largesses sur
les maisons des fous, et s'occupa d'a-
doucir le sort des galériens..... Cette
femme que l'antiquité payenne eut adorée, était née à Paris, en août 1591 ;
elle y mourut le 15 mars 1662, à l'âge
de soixante-onze ans.

16 mars. — ALEXANDRINE DE L'ES- CALE.

Alexandrine de l'Escale, femme du poète Michel Marulle, était très-versée dans le grec et le latin, écrivait avec beaucoup de facilité dans ces deux langues, et composait de vers marqués au coin du bon goût. Son mari avouait qu'elle l'aidait souvent dans ses travaux. Elle mourut à Florence, le 16 mars 1506, laissant quelques ouvrages qui sont devenus rares.

17 mars. — CATHERINE DE FIESQUE.

On sait peu de choses sur cette dame. Les contemporains assurent seulement que sa piété éminente, son esprit, ses connaissances très-étendues lui acquirent au quinzième siècle une grande réputation. On a d'elle des *Dialogues* sur diverses matières, remplis de sentimens édifians et de pensées délicates. — Catherine de Fiesque mourut dans les dispositions les plus religieuses, le 17 mars 1461.

18 mars. — MARIE DE HARCOURT.

Marie de Harcourt, femme d'Antoine de Lorraine, comte de Vaudemont, se rendit célèbre par son courage, et prit part à toutes les expéditions militaires de son mari. Un jour que cette courageuse femme était à peine relevée de couches, elle apprit que les ennemis d'Antoine de Lorraine, le sachant absent pour quelques jours et sa femme seule et malade, venaient d'assiéger Vaudemont, elle se leva aussitôt, monta à cheval, rassembla tous ceux de ses hommes d'armes qui étaient restés avec elle, marcha à leur tête au secours de la ville, et par une valeur inouïe, elle repoussa les ennemis, les força dans leurs retranchemens, les vainquit, et les obligea de fuir..... Cette héroïne mourut couverte de gloire, le 18 mars 1476, âgée de soixante dix-huit ans.

19 MARS. — Mme DUCOUDRAI.

Mme Ducoudrai se fit dans le dernier siècle un nom immortel dans l'art des accouchemens. Le gouvernement, juste appréciateur des rares talens de cette femme, récompensa son zèle par une forte pension, et l'employa à parcourir le royaume, pour y donner dans toutes les provinces des leçons publiques aux femmes qui s'occupaient des couches. Partout où elle passa, Mme Ducoudrai laissa les plus heureuses traces de ses lumières et de son zèle pour l'humanité. Elle a écrit sur son art, afin de répandre plus généralement le fruit de ses veilles. — Cette femme bienfaisante fut enlevée à son sexe, le 19 mars 1796, dans un âge avancé.

20 MARS. — ADRIENNE LECOUVREUR.

Adrienne le Couvreur, l'une des plus célèbres actrices du théâtre Français, naquit en 1690, et débuta en 1717 par le rôle d'*Electre*. Elle fut reçue le même mois pour les premiers rôles qu'elle remplit d'une manière admirable. Son jeu était plein d'expression et de vérité. Elle parvint à bannir du théâtre les cris, les lamentations mélodieuses, les petits traits apprêtés, qui furent toujours la ressource des actrices médiocres. Mal partagée, à quelques égards, des dons de la nature, l'âme lui tint lieu de voix, de taille et de beauté. C'est, dit-on, l'actrice qui a le mieux joué le rôle de

Phèdre, ce rôle si difficile, où les plus grands talens échouent. Son caractère généreux et son esprit aimable inspirèrent une forte passion au maréchal de Saxe; ce héros ayant eu besoin d'argent, Adrienne mit ses pierreries en gage pour quarante mille francs et les lui envoya. Plusieurs traits de ce genre la firent aimer généralement; et elle n'eut des ennemis, que parce que ses talens excitaient l'envie. — Mlle le Couvreur, mourut à quarante ans, le 20 mars 1730.

21 MARS. — ANNE DE GRAVILLE.

ANNE DE GRAVILLE, fille de l'amiral Malesherbes, se fit un nom dans le seizième siècle, par son esprit ingénieux et son érudition. Les savans et les poètes de son temps l'ont souvent célébrée. On lui doit un roman écrit en vers et intitulé : *Les deux amans Philémon et*

10..

Arcitas et la belle Émilie. — Anne de Graville mourut le 21 mars 1568.

22 MARS. — Mme GEOFFRIN.

Madame Geoffrin, née en 1699, fut élevée par son aïeule qui l'accoutuma de bonne heure à penser avec justesse, et à juger avec justice. Lorsqu'elle fut devenue veuve, comme elle avait un extrême desir de s'instruire, elle employa sa fortune à réunir chez elle les savans, les poètes, et les étrangers qui arrivaient dans la capitale. Elle eut le bonheur de rendre quelques services au comte Poniatowski, depuis roi de Pologne. Quand ce prince monta sur le trône, il écrivit à Mme Geoffrin, qu'il appelait sa mère : — *maman, votre fils est Roi....* il la fit venir à sa cour, où elle reçut, aussi bien que sur son passage, toutes sortes d'honneurs. Après avoir fait long-temps les délices de la cour de Pologne, elle revint mourir à Paris, dans un âge très-avancé, le 22 mars 1777. — La maison de madame Geoffrin, (dit Laharpe,) était devenue le rendez-vous du talent et du mérite en tout genre ; elle avait un sens droit, un caractère sage et modéré. Elle était bonne, bienfaisante ; elle rendit des services et aimait à en rendre. Elle était dans ses habillemens d'une extrême simplicité qui plaisait beaucoup, parce qu'elle était relevée par une extrême propreté.... Voici deux maximes de Mme Geoffrin :—Il ne faut pas laisser croître l'herbe sur le chemin de l'amitié. — Il y a trois choses que les femmes de Paris jettent par la fenêtre : leur temps, leur santé et leur argent.... Mme Geoffrin appelait ces gens, qui prennent leur esprit dans des livres, *des bêtes frottées d'esprit.*

23 mars. — ANNE-LOUISE KARSCH.

Anne Louise Karsch, née en 1722, sur les frontières de la basse Silésie, eut des parens si pauvres, qu'elle n'en reçut aucune éducation; elle apprit à peine à lire et à écrire; mais la nature lui avait donné du génie. Sans maîtres, sans autres secours que la lecture de quelques livres, que le hasard fit tomber entre ses mains, Louise sentit qu'elle était née pour la poésie; elle se livra donc aux inspirations des muses, et composa des vers, dont le premier recueil, imprimé à Berlin en 1764, excita la plus grande admiration. On n'y trouva point cette philosophie et ce goût que l'éducation et le commerce des gens de lettres savent développer; mais on y trouva, ce qui est plus rare, un véritable génie poétique, une grande chaleur d'imagination, une foule de beautés naturelles. — Louise Karsch, mourut dans les environs de Berlin, le 23 mars 1798.

24 MARS. — Mme DE MIRAMION.

MADAME DE MIRAMION, née Marie Bonneau, reçut le jour à Paris, en 1629. Elle fut recherchée à cause de sa beauté et de sa fortune; mais veuve après un an de mariage, elle refusa constamment de prendre un second époux. Elle employa sa vie et ses richesses au secours des malheureux, visita les hôpitaux et les prisons, et vendit son argenterie et ses bijoux pour les distribuer en aumônes. Elle fonda la maison du Refuge, et celle de sainte Pélagie, pour les femmes débauchées qui n'avaient point d'asyle dans leur repentir. Après avoir fait plusieurs autres établissemens utiles à l'humanité, Mme de Miramion mourut dans les sentimens les plus religieux, le 24 mars 1696. — On a beaucoup vanté ses vertus, son dévouement héroïque, sa profonde sagesse, sa charité et sa douceur.

25 mars. — CATHERINE DUGLAS.

Le jour de l'assassinat de Jacques I.er, roi d'Écosse, le comte d'Athol, arrivant à la tête des conjurés pour consommer son horrible attentat, Catherine Duglas, dame d'honneur de la reine, courut hors d'elle-même fermer la porte de la chambre où le roi était couché. Elle s'aperçoit qu'on a eu la précaution d'ôter le verrou; elle s'appuie contre la porte, et s'efforce vainement de résister aux assassins; on la renverse, on la foule aux pieds; les meurtriers s'élancent avec furie sur le roi. La reine sa femme, restée seule pour sa défense, ne put même lui faire un rempart de son corps; on l'arracha du sein de son époux, et ce prince fut frappé de vingt-six coups de poignard. Catherine Duglas, victime de son attachement pour ses maîtres, reçut encore plusieurs blessures mortelles.... Cet affreux événement eut lieu à la fin de février 1437. — Quelques uns disent que Catherine Duglas mourut de ses blessures peu de jours après, d'autres rapportent qu'elle prolongea sa triste existence jusqu'au 25 mars de la même année.

26 mars. — LUCRÈCE D'OBIZZI.

Lucrèce d'Obizzi, née dans le Padouan au dix-septième siècle, se rendit aussi célèbre par sa chasteté que l'ancienne Lucrèce. Sa beauté et ses vertus inspirèrent le plus violent amour à un gentilhomme de Padoue, qui voyant ses vœux rejettés, résolut de tenter tous les moyens pous satisfaire sa passion. Le marquis d'Obizzi étant parti pour la campagne, ce gentilhomme profita de son absence, et trouva le secret de pénétrer dans l'appartement de la marquise, qui était encore au lit avec son fils unique âgé de cinq ans. Le gentilhomme se saisit d'abord de l'enfant qu'il enferma dans une chambre voisine, ensuite il sollicita la mère de condescendre à ses desirs, et employa d'abord les plus tendres prières, mais les voyant inutiles, il menaça la marquise de lui donner la mort ; Lucrèce ne céda ni à ses instances, ni à ses menaces ; et ce lâche la poignarda. Cet événement eut lieu le 26 mars de l'année 1645. — Quinze ans après, le jeune marquis d'Obizzi vengea la mort de sa mère en tuant d'un coup de pistolet son infâme meurtrier.

27 mars. — MARGUERITE DE VALOIS.

Marguerite de Valois, fille de Henri II, sœur de Charles IX et de Henri III, femme de Henri IV, naquit en 1552, et épousa en 1572 ce Béarnais qui nous est devenu si cher. Son mariage ne fut pas très-heureux, parce qu'elle écouta plus sa légèreté, ses passions et la faiblesse de son cœur que ses devoirs. On a sans doute exagéré les torts qu'on lui reproche; mais il faut bien qu'elle ait eu de coupables intrigues, pour donner lieu à toutes les plaintes qui se sont élevées contre elle. Henri IV, devenu roi de France, et n'ayant point eu d'enfant d'elle, lui proposa pour le bien de l'état de faire casser leur mariage. Elle y consentit avec autant de désintéressement que de noblesse; et libre de ses liens, elle se fixa à Paris, où elle rassembla autour d'elle les gens de lettres et les savans les plus célèbres. Elle gagna tant d'agrémens dans leur commerce, qu'elle parlait et écrivait mieux qu'aucune femme de son temps. Elle a laissé des *Mémoires*, où elle se peint sous des couleurs un peu flatteuses, et des *poésies* qui offrent une foule de vers heureux. — Marguerite de Valois mourut à soixante-trois ans, le 27 mars 1615. Elle avait beaucoup d'esprit et de beauté, une âme généreuse et compâtissante ; elle passa dans les exercices de piété les derniers jours de sa vie.

28 MARS. — MAGDELEINE DORAT.

MAGDELEINE DORAT, fille de Jean Dorat, célèbre professeur de langue grecque, fut élevée avec le plus grand soin par son père ; et dans un âge très-jeune elle possédait supérieurement le latin, le grec, l'espagnol et l'italien. On dit qu'elle avait encore beaucoup d'esprit. Elle composa plusieurs ouvrages estimés de ceux qui les virent ; mais elle ne consentit point à ce qu'ils fussent imprimés. — Magdeleine Dorat mourut le 28 mars 1636, âgée de quatre-vingt-huit ans.

29 mars. — Mlle DANGEVILLE.

Marie-Anne Butot Dangeville fut une des plus célèbres actrices du théâtre Français. Elle naquit à Paris l'an 1714 et entra au théâtre dès l'âge de huit ans pour jouer des rôles d'enfans. Elle débuta en 1730 dans l'emploi de soubrette, où elle excita le plus vif enthousiasme, et qu'elle remplit toujours avec le plus grand talent. Cette actrice resta au théâtre jusqu'en 1763, où elle se retira, au grand regret des amateurs de la bonne comédie. Elle mourut le 29 mars 1796.

30 MARS. — Mlle LEBLANC.

On trouva au mois de septembre de l'année 1731, près du village de Sogny, en Champagne, une jeune fille sauvage, âgée d'environ dix ans. Sa force et son agilité étaient surprenantes ; elle prenait les lièvres à la course, et nageait d'une manière étonnante. Sa voix ne pouvait former aucun son articulé. Son regard et ses manières annonçaient de la férocité. On ne put s'en emparer que par adresse, et peu-à-peu on parvint à l'apprivoiser. Après qu'elle eut reçu quelque éducation, on lui donna le nom de Mademoiselle Leblanc, et on la fit entrer dans un couvent de Chaillot, où elle passa le reste de sa vie dans de grands sentimens de piété. Elle mourut le 30 mars 1760, sincèrement regrettée des religieuses ses compagnes. Il est à présumer qu'elle avait été abandonnée à la suite d'un naufrage sur les côtes de France, et qu'elle avait erré de forêts en forêts dès ses premières années.

31 mars. — MARIE D'ANGLETERRE.

Marie, fille de Henri VII, roi d'Angleterre, troisième femme de notre Louis XII, ne régna que quelques mois sur la France. Louis, qu'elle avait épousé en 1514, étant mort à la fin de mars 1515, elle retourna en Angleterre, où elle mourut à trente-sept ans, le 31 mars 1534. — C'était la femme la plus belle et la mieux faite de son temps. Elle avait un caractère doux, beaucoup de gaieté, et l'esprit plus vif que ne l'ont ordinairement les Anglaises. Elle montra plus de penchant à la tendresse et à la vie solitaire qu'à l'ambition et aux intrigues des cours.

1.ᵉʳ AVRIL. — AURORE DE KONIGS-
MARCK.

Marie - Aurore, comtesse de Konigsmarck, suédoise, mère du célèbre maréchal de Saxe, fut aussi remarquable par son esprit que par sa beauté. Elle possédait parfaitement les langues latine, française, italienne, et se distinguait par un heureux talent pour la poésie. Elle composa une comédie en vers français, qui fut jouée avec succès devant le roi de Suède, sur le théâtre de Stockolm. Son esprit aimable et ses grâces touchantes lui gagnèrent la tendresse de Frédéric-Auguste I.ᵉʳ, roi de Pologne, dont elle embellit long-temps la cour. — Cette femme célèbre mourut le 1.ᵉʳ avril 1742, âgée de plus de quatre-vingts ans.

2 avril. — JEANNE DE NAVARRE.

Jeanne de Navarre, fille unique et héritière de Henri I.er, roi de Navarre et comte de Champagne, fut mariée à Philippe-le-Bel, roi de France. Cette princesse était spirituelle et courageuse : le comte de Bar étant venu fondre sur la Champagne, en 1297, Jeanne se mit elle-même à la tête d'une petite armée, et marcha au-devant de lui. Le comte effrayé se rendit sans coup férir, et ne sortit de prison que sous la condition de rendre hommage à la reine, en qualité de vassal. On accuse cette princesse d'un peu de vanité et de hauteur; mais elle aimait les lettres et protégeait les savans. Elle fonda, peu de temps avant sa mort, le collége de *Navarre,* dont on vit sortir tant d'élèves illustres. Jeanne mourut à Vincennes, le 2 avril 1305, à l'âge de trense-trois ans. Philippe-le-Bel lui laissa constamment le soin de gouverner les états qu'elle lui avait apportés en dot.

3 avril. — LA REINE ELISABETH.

Élisabeth, fille de Henri VIII et d'Anne de Boulen, née en septembre 1533, passa ses premières années dans une prison, où elle fut retenue par Marie sa sœur, qui régnait alors sur l'Angleterre. Elle employa les années de sa captivité à cultiver son esprit: elle étudia les langues et l'histoire, et médita de bonne heure sur l'art politique. Après la mort de Marie, elle passa de sa prison sur le trône. Elle se fit couronner avec beaucoup de pompe, et songea bientôt à terminer les débats religieux de l'Angleterre. Cette nation était partagée en nombre à peu près égal de protestans et de catholiques; Élisabeth établit la religion anglicane qui subsiste encore aujourd'hui, et qui est un mélange du protestantisme et du catholicisme.

On peut faire de grands reproches à Élisabeth : elle crut qu'il fallait verser du sang pour affermir son trône ; elle fit mourir dans les supplices plusieurs catholiques qui ne voulurent pas se soumettre à sa puissance spirituelle. Elle se couvrit sur-tout d'une tache ineffaçable par le régicide qu'elle commit dans la personne de Marie Stuart. Mais avec quelques cruautés et une profonde dissimulation, Élisabeth avait de grandes qualités. Lorsque Philippe II lui apporta la guerre, elle se montra à cheval au camp de Tellebury, et animant ses soldats à soutenir leur patrie : — Moi-même, leur dit-elle, je vous conduirai à l'ennemi ; je n'ai que le faible bras d'une femme, mais j'ai l'âme d'un roi; et je mourrai dans le combat plutôt que de survivre à votre esclavage.... L'armement de Philippe fut dispersé par la tempête, le reste de ses vaisseaux pris par les anglais; et Élisabeth reçut à Londres les honneurs du triomphe, à la manière des anciens Romains. Elle conquit l'Irlande, fit fleurir la marine et le commerce, et étendit la puissance de l'Angleterre. On lui reproche encore la mort du comte d'Essex, son favori; mais on la loue de plusieurs établissemens utiles.

Cette grande reine, qui eut tant de bonnes et de mauvaises qualités, mourut à soixante-dix ans, le 3 avril 1603, après quarante-quatre ans de règne. Elle demanda qu'on mît cette épitaphe sur sa tombe : *ci-gît Élisabeth, qui vécut et mourut vierge et reine.* Elle avait le talent de gouverner; aussi le pape Sixte-Quint disait qu'il n'y avait au monde que trois personnes qui sussent régner : Henri IV, Élisabeth et lui..... Elle s'acquit beaucoup de gloire par la sagesse de son gouvernement, par sa vigilance et son courage. Elle connaissait bien la géographie et l'histoire; elle parlait cinq ou six langues. On lui doit plusieurs traductions; sa version d'*Horace* fut sur-tout long-temps estimée des Anglais. Élisabeth était belle, et très-vaine de sa beauté.

4 avril. — CHARLOTTE SAUMAISE.

Charlotte Saumaise de Chazan, comtesse de Brégy, était nièce du savant Saumaise; elle fut nommée dame d'honneur de la reine Anne d'Autriche, et parut à la cour brillante d'esprit et de beauté; elle conserva ce double avantage jusques dans la vieillesse. Mme de Brégy cultivoit les lettres avec succès;

et l'on a d'elle un recueil de *Lettres* et de *Vers*, où l'on trouve de la finesse, de l'élégance et des pensées ingénieuses. Son caractère était doux et modeste, sa conduite régulière et son cœur excellent. Le poète Benserade lui adressa une pièce de vers que l'on trouve dans la collection de ses OEuvres. Mme de Brégy mourut à Paris, le 4 avril 1693, à l'âge de soixante-quatorze ans.

5 AVRIL. — MARIE DUPRÉ.

MARIE DUPRÉ, nièce de Desmarêts Saint-Sorlin, fut soigneusement élevée par son oncle, qui ne négligea rien pour son éducation ; elle avait une mémoire extraordinaire, le goût de l'étude, et un génie facile. Des dispositions si heureuses engagèrent Desmarêts à lui enseigner le latin, le grec, la rhétorique, la poétique et la philosophie ; non la philosophie de l'école, mais la plus pure et la plus solide. Marie Dupré devint, en peu de temps, une véritable savante. Elle étudia Descartes avec tant de succès, qu'on la surnomma *la Cartésienne*. Elle faisait aussi des vers français très-agréables, et possédait parfaitement la langue italienne. Pour le latin, Cicéron, Ovide, Quinte-Curce, Tite-Live, lui étaient familiers. Cette fille ingénieuse comptait, parmi ses amies, Mlles de Scuderi et de la Vigne; elle adressa, à cette dernière, des réponses en vers que l'on trouve dans le recueil du père Bouhours. — Marie Dupré mourut le 5 avril 1675.

6 AVRIL. — ANNE DUPRAT.

ANNE DUPRAT naquit avec les plus heureuses dispositions pour l'étude des belles-lettres et des sciences. Anne Séguier, sa mère, qui était fort instruite, se chargea de l'élever elle-même, et lui donna la plus brillante éducation. Anne Duprat possédait les langues latine et grecque, elle les parlait familièrement et avec une correction surprenante. Plusieurs savans du seizième siècle ont fait l'éloge de cette dame, qui mourut le 6 avril 1597. — Philippine Duprat, sa sœur, s'adonna aussi à l'étude des belles-lettres, et fut encore l'élève de sa mère. Elle parut à la cour de Henri III et en fut un des plus beaux ornemens. On dit qu'elle était fort éloquente, et qu'elle réussissait parfaitement en poésie.

7 AVRIL. — BLANCHE BORROMÉE.

BLANCHE BORROMÉE, demoiselle noble, née à Padoue, cultiva les sciences avec le plus grand succès; elle réunissait, à cet avantage, une grande beauté, un caractère doux et des mœurs irréprochables. Elle se distingua dans la poésie, et mourut, très-regrettée, le 7 avril 1557. Les plus beaux génies du seizième siècle s'empressèrent d'orner sa tombe de leurs éloges.

8 avril. — ÉLÉONORE DE ROHAN.

Marie-Éléonore de Rohan se rendit illustre dans le dix-septième siècle par ses vertus, sa piété et son érudition. Elle prit fort jeune l'habit monastique, et se fit religieuse dans l'ordre de Saint-Benoît. Elle employa les momens de loisirs que lui laissaient les exercices spirituels, à composer, sur des sujets édifians, divers ouvrages qui sont encore connus et estimés. Cette savante religieuse finit ses jours le 8 avril 1681, à l'âge de cinquante-cinq ans.

9 avril. — PHILIBERTE DE FLEURS.

Philiberte de Fleurs, dame de Tour

et de la Bastie en Mâconnais, se distingua, dans le seizième siècle, par sa beauté, ses mœurs et son esprit. Devenue veuve à la fleur de son âge, elle se consola par l'étude des belles-lettres, et se livra entièrement à la poésie qu'elle cultiva avec succès. On a d'elle un poëme estimé intitulé : *les Soupirs de la viduité*. — Philiberte de Fleurs mourut, à ce qu'on croit, le 9 avril 1655.

10 avril. — GABRIELLE D'ESTRÉES.

Gabrielle d'Estrées, duchesse de Beaufort, avait reçu de la nature tous les dons qui enchaînent les cœurs; elle joignait les agrémens de l'esprit le plus aimable aux charmes de la figure la plus séduisante. Henri IV l'ayant vue, fut si touché de ses attraits, qu'il en fit sa maîtresse favorite. Pendant la guerre de la Ligue, il se déguisa un jour en paysan pour l'aller voir, traversa l'armée de ses ennemis et courut risque de la vie. Gabrielle ne demeura pas insensible à tant d'amour; et lorsque Henri fit casser son mariage avec Marguerite de Valois, il avait résolu d'épouser sa belle maîtresse. Mais Gabrielle mourut, au moment de cet hymen, le 10 avril 1599, dans des convulsions horribles. On prétend qu'elle fut empoisonnée. Henri IV porta son deuil et la regretta long-temps. On peut dire, à la louange de Gabrielle d'Estrées, que pendant neuf ans qu'elle vécut dans la plus grande faveur auprès du roi, elle eut le rare bonheur de ne se point faire d'ennemis. Elle dut cet avantage à la bonté de son caractère, et à l'attention constante qu'elle eut de ne donner à Henri IV que de sages conseils.

11 AVRIL. — M.me GOTTSCHED.

Aldegonde-Louise-Victoire Kulmus, naquit à Dantzick, et fut élevée par un oncle qui, trouvant en elle les plus heureuses dispositions pour l'étude des langues savantes, des belles-lettres, de la philosophie et des beaux-arts, mit tous ses soins à son éducation, et parvint à en faire une savante et plus encore, une femme aimable. La réputation de la jeune Kulmus se répandit bientôt dans toute l'Allemagne et jusqu'en Russie. Il se présenta pour elle plusieurs partis avantageux; mais le savant Gottsched obtint la préférence. MADAME GOTTSCHED se perfectionna de plus en plus dans l'étude des sciences, et son mari l'aida de ses lumières. Ils entreprirent ensemble de réformer le théâtre allemand, de le purger des obscénités, et de donner des modèles aux jeunes poètes. Mme Gottsched leur en offrit elle-même, en composant plusieurs comédies dans le goût français, qui furent reçues avec les plus grands applaudissemens. Elle publia aussi plusieurs ouvrages de mathématiques et de belles-lettres, et en composa d'autres sur la musique qu'elle possédait parfaitement. Aucune femme n'a peut-être autant enrichi les sciences de ses diverses productions. Celle-ci avait encore les talens de son sexe; dans ses délassemens, elle travaillait à des ouvrages de mains, et réussissait, avec l'aiguille, à tout ce que son goût lui faisait entreprendre. Mme Gottsched mourut le 11 avril 1762, regrettée de tous ceux qui la connaissaient. Son corps fut porté en grande pompe dans l'église de l'Université de Leipsick.

12 avril. — ÉLISABETH DE HANAU.

Marie-Élisabeth de Hanau, veuve de Guillaume-le-Constant, landgrave de Hesse-Cassel, se fit, dans le dix-septième siècle, la plus grande renommée par son habileté dans l'art de la guerre, son courage et le succès de ses armes. Elle était née (dit un historien), pour la gloire et l'ornement de son sexe, et jamais il n'y eut un tel assemblage de vertus. Son mari lui avait laissé, en mourant, la conduite d'un état chargé de dettes, et une guerre difficile à soutenir; elle sut, à force d'économies, acquitter les dettes de ses domaines, et les agrandir par de nouvelles acquisitions; elle termina la guerre, et fit rentrer Guillaume VI, son fils, dans les biens de ses ancêtres. Élisabeth savait plusieurs langues, parlait avec grâce, et écrivait très-bien; gracieuse et humaine, affable envers tous, elle aimait son peuple et protégeait les lettres. Cette princesse illustre mourut à quarante-neuf ans, pleurée dans ses états, regrettée de ses voisins, le 12 avril 1651.

13 avril. — LA DUCHESSE DE LONGUEVILLE.

Anne-Geneviève de Bourbon, duchesse de Longueville, née à Vincennes, en 1618, épousa, à vingt-trois ans, Henri d'Orléans, duc de Longueville. Sa figure était belle, sa taille charmante, et son esprit répondait à sa beauté. Les troubles de la Fronde lui fournirent beaucoup d'occasions d'exercer la supériorité de son génie; et souvent elle donna des preuves d'un courage au-dessus de son sexe. On doit cependant lui reprocher la conduite qu'elle tint alors. Le rôle, d'un chef de mécontents n'était pas le rôle d'une femme, et on la vit souvent à la tête de la Fronde. Quand les guerres civiles furent appaisées, comme elle voulait absolument se montrer, elle se mêla dans les disputes littéraires, et fut encore en quelque sorte *chef de parti.* Enfin, lasse de combattre pour des princes et pour des poètes, elle chercha le calme. Elle gagna, dans ses dernières années, les bonnes grâces de Louis XIV, et mourut, âgée de plus de soixante ans, le 13 avril 1679.

14 avril. — MARIE-LOUISE DE SAVOIE.

Marie-Louise-Gabrielle de Savoye, sœur de Marie-Adélaïde (dont nous avons parlé au 12 février), fut mariée à Philippe V, roi d'Espagne, et se fit aimer des Espagnols par le soin qu'elle prenait de leur plaire, une intrépidité au-dessus de son sexe, et une constance agissante dans les revers. Philippe ayant été obligé de passer en Italie, pour se mettre à la tête de ses armées, les Espagnols demandèrent unanimement que leur jeune reine, qui n'avait pas encore quatorze ans, fut nommée régente en l'absence de son époux. Elle s'y opposa vainement; il fallut qu'elle se rendît aux vœux de ses peuples. Elle gouverna avec sagesse et réunit tous les suffrages. Au milieu des cruels revers qui, plus d'une fois, mirent Philippe à la veille de sa chute, Marie-Louise allait elle-même de ville en ville animer les cœurs, exciter le zèle et recevoir les dons que lui apportaient les peuples. Elle fournit ainsi à son mari plus de 600,000 francs en trois semaines. Philippe ne jouit pas long-temps de tant de vertus réunies. L'Espagne perdit cette illustre princesse le 14 avril 1714; elle n'était âgée que de vingt-six ans.

15 AVRIL. — M.ᵐᵉ DE MAINTENON.

FRANÇOISE D'AUBIGNÉ, marquise de MAINTENON, naquit en septembre 1635, dans une prison de Niort, où son père et sa mère étaient enfermés. Elle était destinée à éprouver toutes les rigueurs et toutes les faveurs de la fortune. À l'âge de trois ans, on la mena en Amérique, et elle fut sur le point d'être dévorée par un serpent, sur le rivage, où un domestique l'avait *oubliée*. A douze ans, Françoise d'Aubigné était orpheline; elle revint à Paris, chez une de ses tantes, qui la traita avec dureté. Elle était belle, gracieuse, douce, et avait au moins autant d'esprit que de beauté. Scarron, qui la connaissait, la voyant si malheureuse, lui proposa de l'épouser. On sait que Scarron n'était pas riche, et qu'il était perclus de tous ses membres. Mais sa plume lui assurait une existence; sa gaieté charmait tous les gens d'esprit. Mlle d'Aubigné accepta ce parti; et âgée de seize ans, elle donna sa main au poète burlesque. Elle fut plutôt son amie et sa compagne que son épouse. Elle donna meilleur ton à sa maison, et s'y fit estimer et chérir, par son esprit, sa modestie, et ses vertus. Mais Scarron étant mort en 1660, sa veuve, à vingt-cinq ans, retomba dans la misère. Elle demanda long-temps, sans succès, la survivance d'une pension dont son mari avait joui, comme *malade de la Reine;* Mazarin répondit que, puisqu'elle se portait bien, elle était inhabile à succéder à la pension d'un homme qui se portait mal. Comme elle ne put l'obtenir, et qu'elle était fort malheureuse en France, elle résolut de s'expatrier. Mais avant de quitter Paris, elle voulut voir Mme de Montespan, qui l'engagea à rester en France, et lui fit obtenir la pension qu'elle désirait. Mme de Montespan fit plus ; elle se chargea de la fortune de Mme Scarron, lui donna le soin d'élever ses enfans, et la présenta au roi, qui trouva beaucoup de charmes dans sa conversation, et ne put bientôt plus se passer d'elle. On sait le reste. Louis XIV était dans cet âge où les hommes ont besoin d'une femme dans le sein de qui ils puissent déposer leurs pensées. L'esprit doux, le caractère aimable de Françoise d'Aubigné, qu'il venait de faire marquise de Maintenon, captivèrent son cœur. Il l'épousa à la fin de 1685. Mme de Maintenon, au comble de la fortune, n'en eut pas plus de fierté ; elle vécut à la cour comme dans une solitude, jusqu'à la mort de Louis XIV, et se retira alors à l'abbaye de Saint-Cyr qu'elle avait fondée. Elle y finit ses jours, le 15 avril 1719, à quatre-vingt-quatre ans, regrettée des pauvres, dont elle était la bienfaitrice, pleurée des jeunes filles de Saint-Cyr, qui la regardaient comme leur mère.

16 avril. — ASTREA BEHN.

Astréa ou Asphara Behn, née à Cantorbery, reçut la plus brillante éducation; elle se distingua à la cour de Charles II par son esprit et ses talens en littérature. Le roi, frappé du mérite de cette dame, lui confia le soin d'une négociation, au sujet de la guerre qu'il voulait déclarer à la Hollande. Elle remplit sa mission avec habileté, et justifia la confiance du monarque; mais la jalousie des courtisans et les chagrins qu'ils lui suscitèrent, lui firent préférer les plaisirs de la solitude au tumulte de la cour. Elle consacra dès lors tous ses loisirs à l'étude et aux lettres. On a d'elle plusieurs volumes de pièces de théâtre, des nouvelles historiques, des poésies diverses, et une traduction des dialogues de Fontenelle sur la pluralité des mondes. Son ouvrage le plus connu en France est le roman d'*Oronoko*, qu'elle lut à Charles II. Il a été traduit par Laplace. Mme Behn mourut le 16 Avril 1689, et fut enterrée à Westminster, dans les tombeaux des rois. — On dit qu'elle réunissait tous les genres de sciences; qu'elle connaissait à fond l'astronomie, la géométrie, la philosophie et même la théologie. Les plus beaux esprits de l'Angleterre ont fait son éloge, et Gibbon ne la nommait jamais que *l'incomparable Behn*.

17 AVRIL. — MARGUERITE DE FOIX.

Marguerite de Foix, duchesse d'Épernon, se rendit célèbre en 1588 par son courage et son intrépidité. Les ligueurs ayant attaqué le château d'Angoulême, que le duc d'Épernon défendait, s'emparèrent de la duchesse, et voulurent qu'elle obligeât son mari à se rendre. On la conduisit aux portes de la citadelle, en la menaçant de la mort, si elle ne déterminait le duc à se joindre à eux. Mais Marguerite étant arrivée auprès du rempart, exhorta d'une voix ferme son époux à se défendre vaillamment, et à ne point se laisser toucher par les dangers qu'elle courait. Tant d'héroïsme fut respecté des ligueurs, et le duc d'Épernon ayant été promptement secouru, délivra Marguerite qui entra en triomphe dans le château.

On croit qu'elle mourut le 17 avril de l'an 1608.

18 avril. — M.me BONTEMS.

M.me Bontems, née à Paris en 1718, avait reçu de la nature l'esprit et les grâces. Elle développa de bonne heure le germe de ses talens; elle connaissait à fond toutes les finesses de la langue française, et possédait parfaitement plusieurs langues étrangères. On lui doit la traduction du poëme anglais des *Saisons* de Thompson. Cette version, aussi exacte qu'élégante, lui valut les plus grands éloges. — M.me Bontems ne fut pas moins estimable pour les qualités de son cœur, que pour celles de son esprit. Elle eut le bonheur de sentir et d'inspirer l'amitié. — Elle mourut le 18 avril 1768, emportant les regrets de ceux qui l'avaient connue, et sur-tout d'une société aimable et choisie qui se rassemblait souvent dans sa maison.

19 AVRIL. — LA REINE CHRISTINE.

CHRISTINE, reine de Suède, née en 1626, n'avait pas sept ans, lorsqu'elle succéda à Gustave Adolphe, son père. Elle avait montré, dès sa plus tendre enfance, tant de pénétration, d'esprit et de courage, que les Suédois ne furent pas effrayés de la voir si jeune sur le trône. Ils se promettaient au contraire les années les plus glorieuses sous son règne. Christine ne trompa point leur espoir. Aussitôt qu'elle put gouverner elle-même, elle le fit avec sagesse. Rien n'échappa à l'activité de son esprit. Elle protégea les sciences et les lettres qui font la gloire des empires, et les arts qui en font la prospérité. Elle-même était fort instruite, puisqu'elle parlait huit langues, écrivait élégamment, et lisait dans l'original Polybe et Thucydide, dans un âge où les enfans ordinaires lisent à peine des traductions. Elle appela à sa cour Descartes, Bochart, Grotius, Gabriel Naudé et une foule d'hommes de mérite dont elle fut admirée, et près de qui elle acheva de se placer parmi les sages.

Après qu'elle eut affermi la paix dans ses états, l'amour des lettres et de la liberté lui inspira à vingt ans le dessein d'abdiquer la couronne. Elle réalisa ce projet en 1654, et descendit du trône pour y placer Charles-Gustave, son cousin. Elle fit frapper en même temps un médaille qui portait cette légende : *Le Parnasse vaut mieux le trône.* Christine s'occupa dès lors de voyager. Elle traversa le Danemarck, l'Allemagne, la Hollande, et vint à Paris, où la cour de France lui rendit de grands honneurs. Elle passa de là en Angleterre et alla enfin se fixer à Rome, où elle se livra à son goût pour les arts et les sciences. Elle y mourut, à soixante-trois ans, le 19 avril 1689. — On a de cette illustre reine un grand nombre de *Lettres*, des *Réflexions sur la vie et les actions du grand Alexandre*, et des *Maximes* ou *Sentences*. Avec une foule de belles qualités, on lui reproche des défauts et des bizarreries. Mais les plus grands personnages ne peuvent être parfaits, puisque la perfection n'est pas l'apanage de l'espèce humaine.

20 AVRIL. — Mme FAVART.

Mme Favart, née Marie Justine du Ronceray, vit le jour à Avignon en 1727, et montra dès ses premières années la gaieté, l'esprit et les talens qui lui firent un nom par la suite. Elle débuta aux Italiens avec un succès extraordinaire, et s'y soutint constamment dans les premiers emplois de la parodie, de la comédie et de l'opéra comique. Elle excellait sur-tout dans les rôles gracieux, imitait parfaitement les différens idiômes, et jouait avec la gaieté la plus franche. On doit à Mme Favart plusieurs pièces de théâtre : *la Fille mal gardée, la Fête d'amour, Annette et Lubin, les Ensorcelés, la Fortune au village, Bastien et Bastienne*, etc. Mme Favart fut attaquée à la fin de 1771 d'une maladie douloureuse, qu'elle supporta avec une patience et une gaieté incroyables. Elle mourut le 20 avril 1772, à l'âge de quarante-cinq ans. On regretta en elle un cœur généreux, une âme sensible, une philosophie douce, un esprit toujours enjoué.

21 AVRIL. — LA COMTESSE DE FONTAINES.

Marie Louise-Charlotte de Givry, comtesse de FONTAINES, cultiva les lettres, avec succès, mais dans le silence. Elle marcha sur les traces de Mme de la Fayette, et cueillit quelques fleurs dans les champs romanesques, que l'on avait déja parcourus si heureusement, et que les beaux esprits ont si amplement moissonnés depuis. On remarque dans les productions ingénieuses de Mme de Fontaines un style agréable et sans prétention. Ceux de ses romans que l'on estime le plus sont : *Aménophis,* et *la Comtesse de Savoie.* Voltaire en a fait l'éloge. — Cette muse modeste fut enlevée aux lettres le 21 avril 1730.

22 AVRIL. — CATHERINE HENRICI.

Aussi vertueuse que belle, Catherine Henrici reçut encore de la nature un esprit vif, une grande facilité pour l'étude, et un courage au dessus de son sexe. Elle était Vénitienne. Son père, qui l'avait élevée avec le plus grand soin, ayant été nommé gouverneur de l'ile de Négrepont, l'emmena avec lui et lui fit apprendre l'art militaire. Bientôt Mahomet II, empereur des Turcs vint assiéger la capitale de l'île. La garnison, après de longs combats, allait céder au terrible sultan. Catherine s'en aperçoit, anime toutes les femmes à seconder leurs braves défenseurs, prend les armes la première, et monte sur la brèche à la tête de ses compagnes. Les Vénitiens, devenus plus forts, repoussent dès-lors deux assauts. Mais le sultan irrité s'étant avancé lui-même à la tête de trente mille hommes, les assiégés furent obligés de se retirer dans la citadelle, où les Turcs pénétrèrent aussi après deux heures d'efforts. Catherine se trouvait entre son père et un jeune officier à qui elle était fiancée. Son jeune amant fut tué; son père allait subir le même sort, si elle n'eût détourné le coup de la mort qu'un Turc lui portait. Mais en même temps, elle fut obligée de se rendre, aussi bien que son père. Mahomet n'eut pas plutôt jeté les yeux sur cette belle amazone, qu'il en devint éperduement amoureux. Il chercha vainement à l'éblouir; il lui offrit même de partager son trône avec elle, sans pouvoir la rendre favorable à son amour. Désespéré de ses refus, il chargea un de ses bachas de vaincre les résolutions de sa belle captive. Celui-ci ne gagnant rien par les promesses et les menaces, sur ce cœur encore plein de l'époux qu'elle venait de perdre, tua Catherine et son père, le 22 avril 1469. — Catherine Henrici n'avait pas vingt-deux ans. Mahomet, informé de la barbarie du bacha, vengea la mort de celle qu'il aimait par la mort de son bourreau.

23 avril. — LUCRÈCE DE GONZAGUE.

Lucrèce de Gonzague se rendit illustre dans le seizième siècle, par ses vertus et ses talens. A l'âge de quatorze ans, belle et douée de toutes les qualités qu'on peut desirer dans une femme, on la maria à Paul Manfroni, homme dur et altier, qui se rendit coupable de félonie envers le duc de Ferrare, et fut condamné au dernier supplice. Mais sa grâce fut accordée aux prières et aux larmes de sa femme: on ne le fit point mourir, et on se contenta de le retenir en prison. Lucrèce tenta tous les moyens de lui rendre la liberté, mais elle ne put y parvenir. Enfin, Manfroni étant mort dans sa captivité, elle le regretta sincèrement, quoiqu'il n'eut jamais fait son bonheur, et renonça à former de nouveaux nœuds. Elle mourut, à ce qu'on croit, le 23 avril 1550, dans un âge peu avancé. — Elle cultivait les lettres avec succès, et elle a laissé plusieurs ouvrages On a imprimé en 1552 les lettres qu'elle envoyait à son mari pendant sa détention. On y a joint encore d'autres lettres, et jusqu'à des billets qu'elle écrivait à ses domestiques. Tous portent l'empreinte de son esprit et de ses vertus.

24 AVRIL. — Mme LE PRINCE DE BEAU-MONT.

Madame Le Prince de Beaumont, naquit à Rouen, le 24 avril 1711, et voyagea long-temps en France, et en Angleterre, où elle fit un assez long séjour; cette dame avait de véritables talens; elle sut les rendre utiles en les consacrant à l'instruction de la jeunesse. Elle s'acquit par là l'estime générale, et on lui rendit partout la justice qui lui était due: par-tout on la traita avec la plus grande considération. Ses ouvrages renferment une morale douce, des traits bien choisis. Le style en est simple et facile; ils feront toujours le charme de la jeunesse, et pourront être lus par tous les gens de goût. Le nombre en est trop grand pour pouvoir les citer tous. Tout le monde connait les *Magasins* des *Enfans*, des *Adolescentes*, des *Gens de la campagne*, etc. etc.: on a encore de M.me Le Prince de Baumont, plusieurs romans qui respirent le goût et la décence, des abrégés d'histoire, des lettres, et d'autres ouvrages. Elle mourut à Anneci en

1780, après avoir vécu dans la médiocrité, et emportant les regrets de ses amis.

25 avril. — Mme COTTIN.

Madame Cottin, née Sophie Ristaud, reçut le jour à Tonneins en 1773. Elle passa son enfance à Bordeaux, et fut élevée par sa mère, qui n'épargna aucun soin pour lui donner une éducation parfaite; la jeune Sophie acquit de bonne heure le goût des arts et des belles-lettres, et sut y trouver les plus douces jouissances. Elle épousa à l'âge de dix-sept ans un riche banquier de Paris, et fixa dès-lors son séjour dans cette capitale. Après trois ans de l'union la plus heureuse, elle perdit son mari, en 1793. Ce triste événement la décida à vivre dans la solitude. Retirée presqu'entièrement de la société, et livrée à son imagination vive et brillante, elle écrivit sans peine et presque sans travail, ces romans qui ont rendu son nom célèbre, et qui peignent si bien son caractère tendre et mélancolique. Elle commença par *Claire d'Albe*, ouvrage plein de sentiment et d'éloquence, qu'elle écrivit avec rapidité, et dont le succès prodigieux l'engagea à mettre au jour, *Malvina, Amélie de Mansfield, Mathilde et Élisabeth*. Les ouvrages de Mme Cottin sont trop connus, pour qu'il soit nécessaire d'en rien dire. Elle avait commencé un roman sur l'éducation, lorsqu'une maladie longue et cruelle l'enleva aux lettres, le 25 avril 1807, à peine âgée de trente-quatre ans. Ce qui doit rendre encore ses ouvrages plus estimables, c'est qu'elle en consacrait le produit à des actes de bienfaisance, qu'elle cachait avec soin. Ses talens, sa conduite, la douceur de son caractère, prouvent qu'elle réunissait tous les dons de l'esprit et du cœur.

26 AVRIL. — DIANE DE POITIERS.

Diane de Poitiers, duchesse de Valentinois, née en 1500, d'une famille illustre du Dauphiné, joignit les charmes de l'esprit aux attraits de la plus gracieuse figure. Le comte de Saint Vallier, son père, ayant été condamné à mort pour avoir favorisé la fuite du connétable de Bourbon, ne dut sa grâce qu'aux larmes de sa fille, qui sut attendrir François I.er Après la mort de ce prince, quoiqu'elle eût plus de quarante ans, Diane avait si peu perdu de ses charmes, qu'elle posséda le cœur de Henri II, et le posséda toujours. Elle adoucit la rudesse que Henri avait contractée dans les exercices militaires. Les grâces et la beauté de Diane furent à l'épreuve du temps. Elle ne fut jamais malade. Dans les plus grands froids, elle se lavait le visage avec de l'eau de puits. Elle n'usa jamais d'aucune pommade. Elle se levait tous les jours à six heures, montait à cheval, faisait une ou deux lieues, et venait se remettre au lit, où elle lisait jusqu'à midi. Tout homme un peu distingué dans les arts ou dans les lettres, pouvait compter sur sa protection. Elle était bonne, charitable et faisait beaucoup d'aumônes. — Elle mourut, dans sa maison d'Anet, le 26 avril 1566, à l'âge de soixante-six ans.

27 AVRIL. — FRANCESCA.

La ville de Casal dans le Mont-Férrat, occupée alors par les Français, ayant été assiégée en 1630 par les Espagnols, une jeune fille de vingt ans, nommée *Francesca*, demanda à combattre pour la défense de sa patrie, et se signala par un courage héroïque. Elle combattit vaillamment, et se trouva à plusieurs sorties, où elle s'exposa à tous les dangers et défit un grand nombre d'ennemis. Jean de Toiras, qui commandait dans la place, informé de la bravoure de cette nouvelle amazone, lui accorda la paye de quatre soldats, et la reçut dans les chevau-légers de sa compagnie. — On ne sait rien de plus sur cette vaillante fille, qui mourut, dit-on, le 27 avril 1652 à l'âge de quarante-deux ans.

28 AVRIL. — Mlle GAUSSIN.

JEANNE CATHERINE GAUSSIN, ou Gaussem, née à Paris, en 1711, débuta au Théatre-Français, en 1731, par le rôle de *Junie* dans Britannicus. Elle obtint un succès extraordinaire; et se fit toujours remarquer par un son de voix très-touchant, beaucoup de sentiment et de tendresse. Ce fut elle qui créa le rôle de *Zaïre* dans la pièce de ce nom; elle le remplit avec tant de talens, que Voltaire l'en remercia par une charmante petite pièce de vers, imprimée en tête de la tragédie et connue de tout le monde. — M.lle Gaussin se retira du théatre en 1764, et mourut le 28 avril 1767, à cinquante-six ans.

29 AVRIL. — M.me FAGNAN.

Marie - Antoinette Fagnan s'est fait connaître dans la littérature, par deux ouvrages de féerie qui obtinrent un grand succès. Ils sont intitulés *Kanor,* et *le miroir des Princesses orientales.* Le premier sur-tout offre des détails ingénieux, et une critique plaisante de plusieurs de nos usages. On doit encore à M.me Fagnan, une bagatelle agréable, connue sous le nom de *Minet bleu et Louvette*. Cet auteur qui annonçait un vrai talent, préféra une douce obscurité à l'éclat de la gloire littéraire. Elle écrivit pour satisfaire son goût, et craignant les atteintes de la critique, elle déposa sa plume peu après ces brillans essais. — Elle mourut à Paris le 29 avril 1770.

30 AVRIL. — LA PRINCESSE DE CONTI.

Louise Marguerite de Lorraine, fille du duc de Guise, dit le Balafré, naquit en 1574. Elle épousa le prince de Conti, second fils du prince de Condé. Devenue veuve en 1614, elle se remaria, dit-on, secrétement avec le maréchal de Bassompierre. Cette princesse aimait la littérature, et se plaisait à protéger les savans et les gens de lettres. Elle avait le goût sûr, l'esprit orné, et savait discerner adroitement le vrai mérite. Elle a laissé un ouvrage intitulé, *les Amours du grand Alcandre*, qui se trouve dans le Journal de Henri III. C'est une histoire des amours de Henri IV, ornée du récit de quelques belles actions, et de plusieurs mots remarquables de ce grand roi. On y trouve de l'intérêt, mais quelques satires peut-être trop amères. On a réimprimé cet ouvrage à part, en 1789, sous le titre de *Roman Royal, ou Aventures de la cour de Henri IV*. C'était le véritable titre de ce livre. La princesse de Conti, mourut à Eu le 30 avril 1631. Les plus grands hommes de son temps se sont empressés de lui dédier leurs ouvrages.

1.ᵉʳ MAI. — ISABELLE DE PORTUGAL.

Isabelle ou Elisabeth de Portugal naquit à Lisbonne en 1503. Elle fut mariée à l'empereur Charles-Quint, qui lui donna dans la suite pour devise les trois grâces, dont l'une portait des roses, l'autre une branche de myrthe, et la troisième une branche de chêne, avec ces paroles : *Elle les égale et les surpasse*. Ce groupe ingénieux était le symbole de sa beauté, de l'amour qu'on lui portait, et de sa prudence. Ce fut l'une des plus belles et des plus sages princesses de son temps. Elle mourut à Tolède le 1.ᵉʳ mai 1538.

2 MAI. — GABRIELLE DE VERGY.

Gabrielle de Vergy, issue d'une des meilleures familles du Vermandois, et plus remarquable encore par sa beauté que par sa noblesse, avait épousé Eudes de Fayel, fameux par sa cruauté. Gabrielle qui avait le cœur tendre, et qui ne trouvait dans son époux qu'un tyran farouche, ne put résister à la figure séduisante du jeune Raoul de Coucy, qui joignait à la grâce et à la naissance le cœur le plus généreux. Mais elle n'avoua point sa flamme à celui qu'elle chérissait, et ne sortit point des bornes du devoir ; elle se contenta de gémir en silence. Cependant son amour était partagé. Raoul aimait Gabrielle sans oser aussi le lui dire. Sur ces entrefaites, il fallut aller combattre les Sarrazins. Raoul fut blessé mortellement. Avant de rendre l'âme, il ordonna à son écuyer de retourner en France, et le chargea de remettre à Gabrielle une lettre de sa main, avec un petit coffre d'argent qui contenait quelques joyaux que cette dame lui avait donnés. Il lui fit promettre aussi qu'après sa mort il prendrait son cœur et le porterait à celle pour qui seule ce cœur avait soupiré. Lorsque l'écuyer entra dans les avenues du château, il fut reconnu par Fayel, qui l'obligea de lui déclarer le sujet de son voyage, s'empara du funeste depôt, rentra dans le château, et fit servir en ragoût à sa femme le cœur de Raoul. Dès qu'elle en eut mangé : — Ce cœur doit vous plaire, lui dit-il avec un sourire horrible, car c'est le cœur de votre amant...... En même temps il jetta sur la table le petit coffre, les joyaux et la lettre. Gabrielle épouvantée s'évanouit, et ne revint à elle que pour jurer qu'elle ne prendrait plus de nourriture. Elle exécuta cette résolution désespérée, qui la conduisit au tombeau, le 2 mai 1191, selon quelques chroniques. — Cet évènement atroce a fourni à Dubelloy le sujet d'une tragédie, qui conviendrait mieux sans doute au théâtre anglais qu'à la scène française.

3 MAI. — CLÉMENCE ISAURE.

Clémence-Isaure, célèbre par les grâces de son esprit, les charmes de sa figure et le généreux emploi qu'elle fit de ses richesses, fut un des ornemens du quatorzième siècle; et elle sera toujours l'orgueil de Toulouse sa patrie. Elle aimait et cultivait les belles lettres. Ce fut elle qui institua à Toulouse l'académie des Jeux Floraux; elle laissa pour cette institution gracieuse la plus grande partie de ses biens aux capitouls de cette ville, et fonda plusieurs prix pour ceux qui auraient le mieux réussi dans chaque genre de poésie. Ces prix sont une violette d'or, une églantine d'argent et un souci de même métal.

Les Jeux Floraux se célèbrent tous les ans le 3 de mai. On y prononce l'éloge de Clémence-Isaure, on y couronne sa statue de fleurs, et on distribue les prix qui toujours sont destinés à des sujets de poésie. — Quelques historiens placent la mort de cette fille illustre à l'année 1383.

4 mai. — BONNE DE VALTELINE.

Bonne était une jeune paysanne de la Valteline, pauvre, mais au-dessus de sa fortune par l'élévation de son caractère et la vivacité de son esprit. Un jour qu'elle menait paître ses brebis, elle fut rencontrée par Pierre Brunoro, illustre guerrier Parmesan, qui, frappé de ses grâces et de son air de fierté, l'emmena avec lui, et parvint bientôt à lui faire partager son amour. Bonne habillée en homme accompagna partout Brunoro;

elle le suivait à la chasse, et se distinguait dans cet exercice, montant très-bien à cheval et maniant les armes avec adresse. Elle s'attacha avec constance à la fortune de son ami, et partagea avec lui les dangers de la guerre. Spirituelle, courageuse, elle répara ses faiblesses par beaucoup de vertus. Brunoro ayant été emprisonné à Naples, elle sollicita sa liberté avec tant d'instances qu'il lui fut rendu. Elle avait su en même temps obtenir pour lui le commandement des troupes de la république de Venise. Brunoro, touché de tant de services, épousa sa bienfaitrice; et Bonne, après son mariage, fit encore plus éclater la grandeur de son courage. Dans la guerre des Vénitiens contre le duc de Milan, elle commanda seule des corps de troupes, et se signala dans les combats par son habileté, sa prudence et son audace. Elle conduisit elle-même ses soldats à l'assaut d'une forteresse et força les ennemis à se rendre à discrétion. Le sénat de Venise envoya quelque temps après les deux époux à la défense de Négrepont contre les Turcs. Ils défendirent cette île avec tant de valeur que les Turcs n'osèrent plus rien entreprendre contre elle. Brunoro étant mort quelques années après à Négrepont, sa veuve quitta ce pays, où elle lui avait fait faire des obsèques magnifiques. Accompagnée de deux enfans qu'elle avait eus de son mariage, elle se rendait à Venise, quand la mort la surprit dans une ville de la Morée, le 4 mai 1466.

5 mai. — MARIE DE SCHURMAN.

Anne Marie de Schurman, née à Cologne en 1606, avec un génie précoce et les plus heureuses dispositions pour les arts et les sciences, savait à seize ans le dessin, la broderie, la musique, la peinture, la sculpture, les mathématiques, la géographie, beaucoup d'histoire, le français, l'allemand, l'italien et l'anglais. Elle s'appliqua aussi à la gravure et y réussit parfaitement. Elle étudia le latin, le grec, l'hébreu, et parla ces langues de manière à surprendre les plus habiles. Les princes et les plus savans hommes de son temps se firent bientôt un honneur d'entretenir avec elle une correspondance épistolaire. Marie de Schurman a laissé plusieurs ouvrages, parmi lesquels on distingue un discours sur cette question : *Si les femmes doivent étudier ?* Elle se décide pour l'affirmative ; et son exemple prouve qu'une jeune fille peut se livrer aux sciences, avec autant de succès qu'un jeune homme. Marie de Schurman avait un certain goût qui ne plaira sans doute pas aux dames, c'était une grande prédilection pour les araignées... Elle mourut à soixante-douze ans, sans avoir voulu se marier, le 5 mai 1678.

6 MAI. — Mlle JOLY.

Eteinte dans sa fleur, cette actrice accomplie,
Pour la première fois a fait pleurer Thalie.

ELISABETH JOLY, née à Versailles en 1761, débuta dans sa vingtième année à la comédie française, par le rôle des soubrettes. Une gaieté piquante, un son de voix agréable, la finesse jointe au naturel la firent accueillir avec transport. On fut étonné de la voir remplir tous les rôles avec talent, et jouer *Athalie*, après avoir joué *Tiennette*. Elle fut emprisonnée en 1793, et éprouva des malheurs particuliers qui altérèrent sa santé. Elle mourut à trente-sept ans, le 6 mai 1798. — Elle avait épousé un jeune homme de Caën, qui l'aimait tendrement, qui pleura long-temps sa perte, et lui fit élever en Normandie un monument où il plaça les deux vers qui sont en tête de cette notice.

7 mai. — ULRIQUE DE BAVIÈRE.

Ulrique Eléonore de Bavière, sœur de Charles XII, roi de Suède, née en 1688, gouverna les états de son frère, pendant ses expéditions, avec une sagesse que ce prince ne put s'empêcher d'admirer. Après la mort de Charles XII, elle fut proclamée reine par toute la nation. Elle fit partager sa puissance royale à son époux Frédéric de Hesse-Cassel; bientôt elle abolit le pouvoir arbitraire, et rendit à ses peuples tous leurs droits, que Charles XII avait violés. Ulrique rappela dans ses états la paix, le commerce, les arts et l'abondance. Elle mourut à soixante-quatre ans, après le règne le plus heureux, le 7 mai 1751, pleurée de tous ses sujets, qui la regardaient comme leur mère.

8 MAI. — CORNÉLIE DE LANNOI.

Julienne Cornélie de Lannoi, née en Hollande en 1745, montra de bonne heure un véritable talent pour la poésie, et composa à quinze ans des idylles et des romances, qu'un poète n'eût pas désavouées. Elle remporta en 1775 le grand prix de poésie, décerné par la société académique de Leyde, et soutint depuis sa réputation, par plusieurs petits poèmes, publiés dans différens recueils. On dit que cette muse fut enlevée à la Hollande, le 8 mai 1802.

9 MAI. — Mme DUDEFFANT.

Mme Dudeffant se fit un nom dans le dernier siècle par la sûreté de son goût dans les ouvrages d'esprit, sa conversation ingénieuse, les agrémens de sa société, et son caractère aimable. Elle réunit long-tems chez elle les hommes de lettres les plus distingués, et connut beaucoup Voltaire, le président Hénaut, Boufflers, Diderot, Mme du Châtelet, etc. — Mme Dudeffant fit quelques petites pièces de vers, qui parurent dans les feuilles périodiques du temps, et qui annonçaient un talent agréable. On lui reproche d'avoir eu le cœur absolument froid, et de n'avoir jamais rien aimé. — Elle mourut à quatre-vingt-quatre ans, le 9 mai 1780, aveugle depuis trente années.

10 MAI. — ELISABETH DE FRANCE.

Elisabeth - Philippine - Marie - Helène de France, MADAME, sœur de Louis XVI, naquit à Versailles en 1764 et développa de bonne heure le germe des plus précieuses qualités, comme des plus solides vertus. Douée d'un esprit profond, elle étudia l'histoire avec fruit, et montra toujours du goût pour l'étude. La lecture, la promenade, l'exercice du cheval qu'elle aimait beaucoup, et de fréquentes visites à Saint-Cyr, partageaient son temps. Lorsqu'on lui monta une maison, elle passa les plus doux momens de sa vie dans des actes de bienfaisance et dans les plaisirs champêtres. La révolution vint changer ces occupations de paix et de bonheur. Elisabeth voulut adoucir les chagrins où elle prévoyait que Louis XVI allait être en proie; et tandis que les tantes du roi se retiraient à Rome, elle lui promit de ne pas le quitter. Dans les momens orageux, on lui conseillait de se retirer à Turin, auprès de sa sœur : — «Une femme n'a que des soins et des consolations à offrir, répondit-elle, je les dois à ceux qui en ont besoin. » Elle était auprès du roi le 20 juin 1792, lorsqu'un furieux la prenant pour la reine, s'écria : « voilà l'Autrichienne qu'il faut tuer!... » Un officier de la garde nationale se hâta de nommer Madame Elisabeth. — « Pourquoi ne pas lui laisser croire que je suis la reine, répondit la princesse, vous auriez peut-être empêché un plus grand crime. » Elisabeth fut enfermée au Temple avec Louis XVI. A la cour, elle avait été le modèle de la bonté; dans cette prison, elle fut celui de la résignation et de la patience. Après la mort de Louis XVI et de Marie Antoinette, Elisabeth fut mise en jugement. Ses vertus ne désarmèrent point les bourreaux qui tyrannisaient alors la France. Elle fut condamnée à mort, à l'âge de trente ans, le 10 mai 1794. Elle mourut avec calme et sans proférer aucune plainte. Elisabeth était pieuse sans superstition, et savante sans chercher à le paraître. Sa physionomie, sans être parfaitement belle, était vive et attachante, ses cheveux châtains, ses yeux bleus, sa bouche agréable, ses dents belles, et sa peau d'une blancheur éclatante.

11 MAI. — MARIE DE GONZAGUE.

Louise Marie de Gonzague était fille de Charles de Gonzague, duc de Nevers et de Mantoue. C'était une princesse spirituelle, pieuse, bienfaisante et qui se plaisait à protéger les lettres. Elle épousa en 1645, Ladislas-Sigismond IV roi de Pologne, et fut couronnée l'année suivante à Cracovie. Étant restée veuve quelque temps après, elle se remaria, par dispense du pape, à Jean Casimir frère de Ladislas. Dans les désordres qui fatiguèrent la Pologne presque tout le temps de son règne, elle déploya un grand courage, et sut se faire aimer de ses peuples, à qui elle rendit la paix et la tranquillité, troublées plusieurs fois par des factions étrangères. Avant d'être reine de Pologne, Marie habita long-temps Nevers; elle protégea le célèbre maître Adam et l'engagea à publier ses poésies; elle fut sa bienfaitrice, et l'on en trouve les preuves dans les œuvres du menuisier de Nevers, qui lui dédia une grande partie de ses ouvrages. Elle mourut à Varsovie le 11 de mai 1667.

12 MAI. — Mme DOUBLET.

Mme Doublet née à Paris en 1677, eut le goût de la littérature et des beaux arts. Elle rassembla dans sa maison une société choisie, composée en grande partie de gens de lettres, et dont on bannit le jeu et les amusemens frivoles. Profitant des lumières de cette espèce d'académie, elle écrivit un journal de ce qu'il y avait de nouveau chaque jour dans la politique, les belles lettres, les arts, les nouvelles, et les détails de la société. Elle soumettait chaque anecdote au jugement de l'assemblée, et n'admettait rien qui ne fut digne d'être conservé. Elle parvint de cette manière à composer un ouvrage instructif et amusant, qui prouvait combien elle avait l'esprit orné. Elle mourut le 12 mai 1771, à l'âge de quatre-vingt-quatorze ans.

15 MAI. — JEANNE DE GRASSE.

JEANNE DE GRASSE, femme de Nicolas, seigneur de Castellane, se signala dans le seizième siècle, par son courage et son intrépidité. Elle était, ainsi que son mari, du parti protestant. Les catholiques ayant assiégé le château de Castellane, pendant les guerres de la ligue, Jeanne soutint le siège avec une valeur héroïque, ranima plusieurs fois le courage de son mari, et affronta constamment les plus grands dangers. Son époux ayant été tué dans un assaut, la douleur qu'elle ressentit de cette perte, ne ralentit pas son ardeur. Elle se soutint encore plusieurs semaines, et ne rendit les armes qu'aux dernières extrémités. Le vainqueur la traita avec tous les égards que commandaient son sexe et son mérite. Elle se rattacha depuis à Henri IV, et mourut le 13 mai 1603.

14 mai. — LA DUCHESSE DU MAINE.

Anne-Louise-Bénédictine de Bourbon, duchesse du Maine, petite-fille du grand Condé, née en 1676, donna dès son enfance les espérances les plus heureuses, et montra l'esprit, le goût, et les sentimens élevés de son grand-père. A quinze ans, elle épousa le duc du Maine, fils légitimé de Louis XIV ; et quoiqu'elle ne fut ni jolie, ni bien faite, elle sut gagner et conserver le cœur de son époux. Elle déploya toutes les ressources du génie pour relever sa maison, et parvint à faire appeler son mari à la succession à la couronne. Mais son ouvrage fut détruit, sous la régence du duc d'Orléans. D'ailleurs le duc du Maine s'occupait plus de littérature que de politique, et ne secondait pas les efforts de sa femme. La duchesse, revenue des chagrins et des disgrâces que la régence lui causa, se livra entièrement à la culture des belles-lettres qu'elle protégea jusqu'à sa mort, arrivée le 14 mai 1753. — Personne ne parlait avec plus de justesse, de netteté et de grâces, que la duchesse du Maine. Elle fut toujours entourée d'une cour très-nombreuse, qu'elle éclipsait par la beauté de son génie, et la facilité de son esprit.

15 mai. — MARIE CHAMPMÊLÉ.

Marie Desmares de Champmêlé, née à Rouen en 1644, débuta à Paris en 1669, sur le théâtre du Marais, avec un succès extraordinaire, et passa l'année suivante au théâtre de l'hôtel de Bourgogne. Racine la forma lui-même dans l'art de la déclamation, et elle profita si bien des leçons d'un tel maître qu'elle surpassa toutes ses rivales, dans les premiers rôles tragiques. On pense néanmoins qu'elle obtiendrait de nos jours moins de suffrages. Dans le siècle de Louis XIV, la déclamation n'était pas encore formée ; ce n'était qu'un récitatif mesuré, un chant presque noté ; ce n'étaient point ces beaux mouvemens tragiques, qui se peignent par un mot, par une attitude, par un silence, par un cri qui échappe à la douleur. Champmêlé n'en fut pas moins une grande actrice, puisqu'elle est la première de son temps. Boileau l'a célébrée dans ces vers :

Jamais Iphigénie en Aulide immolée,
N'a coûté tant de pleurs à la Grèce assemblée,
Que, dans l'heureux spectacle à nos yeux étalé,
En a fait sous son nom verser la Champmêlé.

Elle fut enlevée au théâtre, le 15 mai 1698, à cinquante-quatre ans.

16 MAI. — ÉLÉONORE GUICHARD.

ÉLÉONORE GUICHARD, née en 1728, d'un receveur des tailles de Normandie, joignait aux attraits de la plus jolie figure et à tous les agrémens de son sexe, un esprit vif, beaucoup de lumières, une riante imagination, et un goût prononcé pour les belles-lettres. Elle fit plusieurs chansons où l'on trouve du feu, un esprit agréable, et un sujet toujours gracieusement présenté. Elle est aussi l'auteur d'un roman estimé, que Laplace publia sous le titre des *Mémoires de Cécile*. 4 vol. in 12. — Éléonore Guichard promettait à la France une femme célèbre de plus : la mort nous l'ôta à vingt-huit ans, le 16 mai 1756.

17 MAI. — CATHERINE I.re

Catherine Alexiowna, née en 1689, de parens pauvres, dans un village de Livonie, perdit son père au sortir de l'enfance, et fut obligée de subsister du travail de ses mains. Elle déploya bientôt la figure la plus séduisante, la taille la mieux faite, et un esprit vif et profond. Sa mère lui apprit à lire ; un vieux ministre luthérien lui enseigna la religion, et la reçut auprès de ses filles, car la mort de sa mère la rendit à quinze ans tout-à-fait orpheline. Le bon ministre ne vécut pas long-temps et Catherine retomba dans la misère. Cependant son pays était devenu le théâtre de la guerre qui éclata entre la Suède et la Russie. Seule, sans appui, elle résolut d'aller chercher un asile à Marienbourg. En traversant ces contrées dévastées, elle fut prise par deux soldats suédois, qui n'auraient pas respecté sa jeunesse, si elle n'eut été arrachée de leurs mains par un officier, en qui elle reconnut le fils du ministre qui l'avait élevée. Ce jeune homme, touché de son état, lui donna quelqu'argent et une lettre de recommandation pour un habitant de Marienbourg. Elle fut bien reçue; et on la chargea de l'éducation de deux jeunes filles. Catherine se conduisit avec tant de sagesse, que le père de ses deux élèves étant veuf, lui proposa sa main ; elle la refusa pour épouser le jeune officier son libérateur, quoiqu'il eut perdu un bras, et qu'il fut sans fortune. Le jour même que ces deux époux venaient de s'unir, Mariembourg est assiégé par les Russes. Le jeune officier, bien qu'infirme, est obligé de repousser l'assaut, et il est tué au bout de quelques heures, la ville prise, les habitans et la garnison passés au fil de l'épée. La triste Catherine qui s'était cachée dans un four, tomba au pouvoir du général Menzicoff, qui fut frappé de sa beauté et de sa douleur, et qui, ayant remarqué son esprit, la plaça auprès de sa sœur, où elle fut accueillie avec tous les égards dus à l'infortune.

Quelque temps après, Pierre-le-Grand dinant chez Menzicoff, distingua Catherine et fut charmé de ses grâces. Il revint le lendemain pour la voir, et s'en trouva bientôt si éperduement amoureux qu'il l'épousa en 1707. Cet hymen qui avait été secret, fut publié en 1712; et l'heureuse Catherine reçut en 1724, la couronne, le sceptre et le titre d'impératrice de Russie. Elle fut aussi utile à son époux qu'à ses sujets. Elle suivit Pierre-le-Grand dans toutes ses expéditions, et plus d'une fois elle le tira des plus grands dangers. Elle contribua beaucoup au gain de la bataille de Pultawa, par les largesses qu'elle fit à l'armée, dont elle était chérie. Après la mort de son époux en 1725, elle régna seule, et se montra digne du trône, par ses talens et son humanité. Elle adoucit la rigueur des supplices, et supprima la roue et les potences. C'était au reste une princesse pleine de fermeté et de courage. Elle fut enlevée à ses peuples, le 17 mai 1727, à l'âge de trente-huit ans.

18 mai. — LOUISE CAVALIER.

Louise Cavalier, fille d'un procureur au parlement de Rouen, née dans cette ville en 1703, se fit remarquer par sa belle figure et l'esprit le plus gracieux. Elle montra de bonne heure un talent distingué pour la poésie; et s'attira les plus grands éloges, lorsqu'elle publia les trois charmantes pièces de vers, intitulées: *Augustin, Le Siècle, Minet*. — Louise Cavalier mourut à Paris, avec la réputation de femme d'esprit et de femme vertueuse, le 18 mai 1745.

19 mai. — ANNE DE BOULEN.

Anne de Boulen, fille d'un gentilhomme anglais, après avoir passé quelques années à la cour de France, à la suite de Marie, femme de Louis XII, retourna en Angleterre, où elle porta de l'esprit, des grâces, beaucoup de coquetterie, une conversation enjouée, et une ambition qu'elle cachait assez adroitement. Henri VIII la vit et l'aima. Anne s'offensa de son amour, pour mieux l'enflammer, et dès-lors Henri VIII pensa sérieusement à répudier Catherine d'Arragon sa femme, pour épouser Anne de Boulen. Il fut obligé, pour contracter ce mariage, de rompre avec la cour de Rome. Mais rien n'arrêta ce prince impatient. Anne épousa Henri en 1532 et fit l'année suivante son entrée à Londres, avec une magnificence extraordinaire. Mais la galanterie ne l'ayant point quitté sur le trône, Henri VIII en prit bientôt de l'ombrage ; et cette reine fut plus malheureuse encore que Catherine d'Arragon dont elle avait causé le divorce. L'inconstant Henri aimait alors Jeanne Seymour ; il chercha des prétextes pour se défaire d'Anne. Du moment où elle fut en disgrâce, tous les courtisans qu'elle avait comblés de bienfaits l'abandonnèrent ; et malgré qu'elle protestât constamment de son innocence, elle fut condamnée à mort comme coupable d'infidélité à son royal époux. Elle eut la tête tranchée, le 19 mai 1536, et reçut le coup de la mort avec une fermeté intrépide. — L'amour l'avait mise sur le trône ; l'amour l'en chassa. L'abbé Millot, qui a jugé cette femme avec impartialité, pense que, si l'on réfléchit au caractère de son barbare mari, Anne de Boulen paraîtra plutôt innocente que coupable.

20 mai. — MARGUERITE COSTA.

Marguerite Costa, née à Rome, au commencement du dix-septième siècle, se fit connaître par des poésies italiennes et françaises, que l'on trouva marquées au coin du bon goût. Elle vint à Paris, et présenta pour une fête de Louis XIV un ballet héroïque, mêlé de chants, intitulé: *Défi d'Apollon et de Mars*. Mais on lui préféra un ballet d'*Orphée*, dont l'exécution était moins difficile et moins dispendieuse : c'était en 1647. Marguerite Costa fit imprimer ses œuvres poétiques, qu'elle dédia au cardinal Mazarin, et fut enlevée aux muses, le 20 mai 1670.

21 mai. — LA CHEVALIÈRE D'ÉON.

Charlotte-Geneviève-Timothée D'Éon DE BEAUMONT, née à Tonnerre en Bourgogne, en 1728, prouva que les femmes peuvent au moins égaler les hommes dans toutes les carrières. Ses parens désirant un fils, cachèrent son sexe, l'habillèrent en homme et lui en donnèrent l'éducation. Elle fit de brillantes études au collège Mazarin, suivit avec ardeur les cours de droit, et se fit recevoir avocat. Louis XV ayant connu ses talens, la chargea d'une ambassade en Russie. Mlle d'Éon fit trois fois le voyage de Paris à Pétersbourg, et acheva des négociations importantes. On l'avait nommée censeur royal pour l'histoire et les belles-lettres ; mais se sentant peu de goût pour cet emploi, elle demanda du service, rejoignit l'armée en Allemagne, fit la campagne de 1761, comme aide-de-camp du maréchal de Broglie, fut blessée à la tête au combat d'Ultrop, força avec quatre-vingt dragons huit cents hommes à mettre bas les armes, et mérita la croix de saint-Louis sur le champ de bataille. La paix de 1762, rendit Mlle d'Éon à la politique. Elle fut envoyée à Londres, comme secrétaire d'ambassade, et nommée ensuite ministre plénipotentiaire près la cour britannique. Son sexe, qu'elle déguisait avec soin, devint alors le sujet d'un pari, et d'un procès considérable qui fut terminé au banc du roi d'Angleterre, sur les déclarations de M.lle d'Eon, qui s'avoua pour femme. Les Anglais la firent aussitôt graver en Pallas, avec cette inscription : « A Pallas.... devenue célèbre » par ses combats et ses services envers » sa patrie.... dont l'envie n'a jamais pu » ternir les vertus....dont peu d'hommes » ont égalé le courage.....» Louis XV lui avait assigné une pension de douze mille francs, et lui avait ordonné de demeurer en Angleterre. Louis XVI permit à M.lle d'Eon de rentrer dans sa patrie, d'y porter la croix de Saint-Louis, sur les habits de son sexe, et d'y jouir de sa pension, qu'il lui continua. Cette héroïne mourut le 21 mai 1790. Elle laissa 13 vol. in-8.º d'œuvres politiques. — Un imposteur, qui mourut en 1810, chercha dans les pays étrangers à se faire passer pour la chevalière d'Eon, qui n'était plus. Plusieurs personnes s'y laissèrent séduire et ne furent désabusées qu'à la mort de cet avanturier.

22 MAI. — JEANNE FLORE.

Jeanne-Flore se rendit célèbre en Languedoc, dans les beaux temps des troubadours, par les charmes d'une figure séduisante, et un esprit né pour les muses. Elle savait les langues et montrait beaucoup de goût pour la littérature. On a d'elle plusieurs ouvrages, dont les plus remarquables sont ses *Contes amoureux*, où elle peint, d'une manière aussi piquante que naturelle, les punitions que Vénus prépare à ceux qui méprisent l'amour. — On place sa mort au 22 mai 1387.

23 MAI. — LA REINE BODICÉE.

Bodicée, reine d'une ancienne peuplade anglaise, se fit un grand nom par son courage. Prasutague, son époux, étant mort jeune, et voulant préserver son royaume des incursions des Romains, mit ses états sous leur protection, et institua l'empereur Néron son héritier. Cette précaution ne servit qu'à rendre les Romains plus orgueilleux et plus tyranniques. Bodicée, fatiguée de leurs excès, souleva ses peuples, se mit à leur tête, combattit les Romains et en fit un grand carnage. Mais l'empereur ayant envoyé une nouvelle armée, celle de Bodicée fut mise en pièces. Cette grande reine, accablée du malheur de ses sujets, et se voyant près de tomber entre les mains des vainqueurs qui la destinaient à orner leur triomphe, se donna elle-même la mort, le 23 mai de l'an 61.

24 mai. — LA MARQUISE DE VILLARS.

La Marquise de Villars, mère de Louis Hector, maréchal, duc de Villars, se fit un nom par un esprit agréable et un jugement plein de finesse. Pendant le séjour qu'elle fit à Madrid, avec son mari, ambassadeur auprès de cette cour, elle écrivit des *Lettres*, publiées depuis, où l'on trouve peints, en style aussi piquant que correct, les usages, les mœurs et les étiquettes de l'Espagne, avec les aventures du temps. — La marquise de Villars mourut le 24 mai 1688.

25 mai. — CLAIRE CERVENTE.

Claire Cervente offrit, au seizième siècle, un modèle de la patience et du devoir conjugal. Jeune et très-belle, on lui fit épouser, à Bruges, un homme âgé, attaqué d'une maladie honteuse qu'il avait tenue cachée jusqu'alors, et qui, peu de jours après ses nôces, tomba dans un état que les médecins jugèrent incurable. On déclara même que le mal devenait contagieux. Claire, sans s'effrayer de cet arrêt, aima mieux exposer sa vie que d'abandonner ce malheureux. Elle resta enfermée près de lui, occupée, avec sa belle-mère, de le soigner et de le servir. Cette maladie dura sept ans, et la vertu héroïque de Claire ne se rebuta point. Enfin, après tant de tourmens, cet homme expira; Claire le pleura sincèrement, ne voulut point le remplacer par un autre époux; et après quelques années d'une vie solitaire, elle fut enlevée à la Flandre, dont elle faisait l'admiration, le 25 mai 1579, n'ayant pas quarante ans.

26 MAI. — Mlle DE MONTPENSIER.

Anne-Marie-Louise d'Orléans, connue sous le nom de Mlle de Montpensier, naquit à Paris, en 1627. Elle hérita du caractère de Gaston, duc d'Orléans son père, un peu intrigant et bizarre. Elle prit le parti de Condé dans les troubles de la Fronde, et fit tirer les canons de la Bastille sur les troupes de Louis XIV. Cette hardiesse la perdit pour jamais dans l'esprit du Roi, son cousin, qui s'opposa toujours, depuis, aux alliances que des rois proposèrent pour elle. Après avoir langui jusqu'à quarante-quatre ans, sans que Louis XIV lui permît d'épouser les princes qui la recherchaient, Mlle de Montpensier résolut de faire la fortune d'un simple gentilhomme. Elle épousa le comte de Lauzun, auprès de qui elle ne trouva pas le bonheur. Elle passa le commencement de sa vie dans les intrigues, le milieu dans les chagrins, la fin dans la retraite et la dévotion. Sa mort arriva le 26 mai 1693.

— Elle a laissé des mémoires, dont l'édition la plus complète forme huit volumes *in*-12. On y trouve les *Aventures* et les *Lettres* de Mlle de Montpensier, avec deux romans composés par elle : *la Princesse de Paphlagonie* et *la Relation de l'île imaginaire.* Le style en est assez pur et la narration agréable.

27 mai. — ELISÈNE DE CRENNE.

Élisène de Crenne, née en Picardie, étonna la France et le seizième siècle par son érudition et son goût pour la belle littérature. Elle a laissé quelques ouvrages, parmi lesquels on remarque *les quatre premiers livres de l'Énéide,* qu'elle traduisit avec assez de mérite pour le temps où elle vivait, et qu'elle dédia au roi François Ier. On connaît aussi d'Élisène un petit ouvrage singulier, intitulé : *les Angoisses doulou-*

reuses qui procèdent d'amour. On prétend que l'auteur les avait éprouvées. — Élisène fut enlevée aux sciences et aux lettres, le 27 mai 1569.

28 MAI. — LOUISE LABBÉ.

Louise Charly, appelée plus communément Louise Labbé, et *la Belle cordière*, parce qu'elle avait épousé un riche marchand de cordes, se rendit célèbre, dans le seizième siècle, par ses vers et son courage. Elle était née à Lyon, en 1526, et parlait avec aisance le latin, le grec, l'italien et l'espagnol. Elle eut une grande passion pour les armes, s'habilla en homme, et à seize ans elle combattit, avec le plus grand courage, au siége de Perpignan, sans que l'on soupçonnât son sexe. Mariée, son goût pour les lettres devint extrême. Elle se fit une bibliothèque choisie assez nombreuse, et publia bientôt des vers, en français, en italien et en espagnol. Elle chantait fort bien, et savait pincer du luth. Elle était belle, gracieuse, et avait beaucoup de prédilection pour ceux qui cultivaient les lettres. — Elle mourut le 28 mai 1566. — Les œuvres et la vie de cette aimable muse forment un volume *in*-12. Sa meilleure pièce est intitulée : *Débats de folie et d'amour*, dialogue en prose. On trouve, dans les vers de Louise Labbé, du feu, de l'esprit, de la délicatesse, et du naturel.

29 MAI. — BERTRADE DE MONTFORT.

BERTRADE DE MONTFORT, femme de Foulques d'Anjou, était si remarquable par son esprit et sa beauté, que Philippe Ier, roi de France, ne put la voir sans en devenir éperduement amoureux. Ce prince venait de répudier la reine Berthe; et Bertrade, malheureuse par l'avarice, la cruauté, les bizarreries de Foulques, son époux, songeait aussi à faire rompre son mariage. Elle obtint bientôt ce qu'elle demandait, et épousa Philippe. Mais cet hymen ne fut point approuvé par la cour de Rome; Philippe et Bertrade furent excommuniés. Les soumissions du roi de France appaisèrent le Pape; et après la mort de Philippe, Bertrade se retira, dit-on, à Fontevrault, où elle acheva, sous l'habit religieux et dans la pénitence, une vie qui n'avait pas toujours été sans reproche. On l'accuse d'avoir montré de la légèreté dans ses mœurs. — Elle mourut le 29 mai 1144.

30 MAI. — JEANNE D'ARC.

Jeanne d'Arc, appelée communément *la Pucelle d'Orléans*, née vers 1412,

Jeanne d'Arc.

à Domremy en Lorraine, était encore à la fleur de son âge, lorsqu'elle crut voir l'archange saint Michel, qui lui ordonnait d'aller chasser les Anglais d'Orléans, et de conduire Charles VII à Reims, où il devait être sacré. Ses parens ayant appris sa vision, l'envoyèrent au roi qui était alors à Chinon, assez embarrassé, parce que les Anglais étaient maîtres de presque toute la France. Charles, prévenu de l'arrivée de Jeanne, la fit entrer dans sa chambre qui était toute pleine de jeunes seigneurs, dont la plupart étaient vêtus plus richement que lui. Mais la Pucelle le reconnut, sans l'avoir jamais vu, lui annonça sa mission, lui promit de secourir Orléans, et de le faire sacrer à Reims. Son ton avait quelque chose de divin ; on n'hésita pas long-temps à la croire. Les Anglais étaient sur le point de prendre Orléans et d'enlever à Charles VII sa dernière ressource. Jeanne d'Arc, armée en guerrier, secondée par des capitaines habiles, parla à l'armée du Roi, lui communiqua son enthousiasme et sa valeur, marcha sur Orléans, y fit entrer des vivres, et y entra elle-même en triomphe. Une flèche qu'elle reçut à l'épaule ne l'empêcha pas de monter sur les remparts, et d'y planter sa bannière. Le siége d'Orléans fut bientôt levé, et les Anglais battus. Alors, la Pucelle marcha vers Reims, y fit sacrer le Roi en 1429; et Charles, reconnaissant, lui donna des lettres de noblesse.

Jeanne cessa bientôt d'être heureuse. Elle fut blessée à l'attaque de Paris, prise au siége de Compiègne, et vendue aux Anglais, qui mirent ses visions et ses prodiges de valeur sur le compte de la sorcellerie. Des juges infâmes eurent la barbarie de la condamner à mort, comme *sorcière* et *devineresse*. Charles VII eut la lâcheté de ne rien faire pour la tirer des mains de ses bourreaux ; elle périt sur le bûcher, le 30 mai 1431, avec la même fermeté qu'elle avait montrée sous les murs d'Orléans. Elle ne proféra aucune plainte, et rendit l'âme en invoquant le nom de Jésus. Calixte III réhabilita sa mémoire, dix ans après, et la déclara *martyre de la religion, de sa patrie et de son roi*. On dit qu'elle n'avait pas vingt ans lorsqu'elle mourut. M. Lebrun de Charmettes a publié l'*Histoire de Jeanne-d'Arc*, en 4 vol. *in*-8°, et plus récemment un poëme intitulé : l'*Orléanide*, où il chante, en beaux vers, l'héroïne que sa prose a déjà si bien célébrée. La mort de la Pucelle a inspiré aussi à M. d'Avrigny la tragédie de *Jeanne-d'Arc à Rouen*. Enfin, on élève à celle qui sauva la France un monument sur le lieu même où elle reçut le jour.

31 mai. — MARGUERITE DE LUSSAN.

Marguerite de Lussan, née à Paris, en 1682, de parens pauvres, fut pourtant élevée avec soin, et montra, fort jeune encore, de l'imagination et du talent pour écrire. Le célèbre Huet, l'ayant vue, lui trouva beaucoup d'esprit, et l'engagea à faire des romans. Elle publia *la Comtesse de Gondès*, dont le succès l'encouragea. On y remarqua, comme dans tous les autres ouvrages de Mlle de Lussan, des situations heureuses, de la chaleur, mais un peu de prolixité. Ses romans, presque tous agréables, sont *les Anecdotes de la cour de Philippe Auguste; les Veillées de Thessalie; Mémoires secrets de la cour de France, sous Charles VIII; Anecdotes de la cour de François Ier; Marie d'Angleterre; Annales de la* *cour de Henri II;* etc. Mlle de Lussan était louche et brune à l'excès. Elle avait l'âme compatissante, généreuse, pleine d'humanité, aimante, sujette à la colère, jamais à la haine; elle était vive, gaie, enjouée. La mort l'enleva aux lettres, à l'âge de soixante-quinze ans, le 31 mai 1758. — Elle fut presque toujours pauvre et ne vécut que des fruits de sa plume.

1.ᵉʳ JUIN. — MARIE DE POUZZOL.

Marie de Pouzzol, née dans les environs de Naples, étonna le quatorzième siècle par sa bravoure et son goût pour les armes. Belle, grande, bien faite, d'une force peu commune, elle montra dès ses tendres années une aversion décidée pour les occupations ordinaires de son sexe ; elle avait au contraire un singulier plaisir à voir et à manier des armures. Elle s'accoutuma de bonne heure à supporter les travaux pénibles, la faim, la soif, le chaud, le froid, les veilles, et se fit une santé robuste, un corps que les fatigues n'abattaient point. Avec de telles dispositions, aussitôt qu'elle le put, elle prit du service militaire et se distingua bientôt par son intrépide valeur. On récompensa ses exploits, en lui donnant le commandement d'une compagnie. Dès lors elle se fit un nom par ses heureux coups de main, ses stratagêmes, ses ruses, et les services nombreux qu'elle rendait à son pays. Sa réputation attirait tous les jours une foule d'étrangers, curieux de la voir ou de mesurer leurs forces avec elle. Pétrarque, qui a célébré cette amazone, dit qu'il la vit un jour mettre hors de combat plusieurs braves capitaines. Marie de Pouzzol mourut au champ d'honneur, dans une bataille où son intrepidité l'avait avancée trop loin, le 1.er juin 1353.

2 juin. — M.lle DE SCUDÉRI.

Magdeleine de Scudéri, naquit au Hâvre-de-Grâce en 1607, et se fit remarquer par la difformité de son visage et les agrémens de son esprit. Elle vint de bonne heure à Paris où ses ouvrages lui attirèrent le titre de *Sapho* de son siècle. L'Académie des Ricovrati de Padoue se l'associa; et les plus beaux génies de l'Europe entretinrent correspondance avec elle. Son *Discours sur la gloire* remporta le premier prix d'éloquence que l'Académie française ait donné. Les principaux ouvrages de Mlle Scudéri sont : *Clélie*, histoire romaine, 10 vol. *in*-8.°; *Artamène* ou le grand Cyrus, 10 vol. *in*-8.°; *Ibrahim* ou l'illustre Bassa, 4 vol. *in*-8.°; *Almahide* ou l'esclave reine, 8 volumes *in*-8.°; des *Conversations* et des *Entretiens*, 10 vol. *in*-8.°; etc. Il y a de la délicatesse et des morceaux heureux dans la prose et dans les vers de Mlle de Scudéri. Mais on a trop recherché ses ouvrages, et on les dédaigne trop maintenant. Plusieurs princes lui firent des pensions, et son siècle estima ses vertus. Elle mourut à Paris le 2 juin 1701, à quatre-vingt-quatorze ans. On peut juger de ses talents pour les vers, par cet impromptu qu'elle fit sur des œillets cultivés par le Grand Condé :

En voyant ces œillets, qu'un illustre guerrier
Arrosa d'une main qui gagna des batailles :
Souviens-toi qu'Apollon bâtissait des murailles,
Et ne t'étonne pas de voir Mars jardinier.

3 juin. — Mme DE MONTÉGUT.
— LA REINE CLOTILDE.

Jeanne de Ségla de Montégut, née à Toulouse en 1709, honora le Parnasse français par le naturel, la douceur, la facilité de ses poésies. Son talent se développa un peu tard, mais il fut bientôt perfectionné. Elle remporta trois prix à l'Académie de Jeux Floraux, et fut déclarée *maîtresse des jeux*, parce qu'elle était honorée d'une triple couronne. Mme de Montégut fit peu de poésies galantes, et presque toujours des poésies morales. On reconnaît dans ses vers une âme noble, sensible, une douce philosophie. Elle savait le latin, l'italien, l'anglais; elle était très-versée dans les sciences et la littérature, et elle cachait ses lumières avec autant de soin que d'autres en prennent à les étaler. Son humeur était douce, sa parure décente, son maintien modeste, son ton naturel. Ses œuvres ont été publiées en 2 vol. On y trouve des *Idylles*, des *Odes*, des *Épîtres*, des *Poésies fugitives*, et une traduction presque complète en vers français, des *Odes d'Horace*. Cette traduction est généralement aussi élégante que fidèle. — Mme de Montégut fut enlevée aux muses, le 3 juin 1752, à quarante-trois ans.

— Clotilde, fille de Chilpéric, roi des Bourguignons, épousa en 493, Clovis Ier, roi de France. Elle était élevée dans la religion catholique, et Clovis était encore payen. Clotilde le convertit par ses vertus, son esprit et ses prières. Après la mort de ce prince, en 511, Clotilde gouverna au nom de son fils, et se fit bénir de ses sujets. Elle avait l'âme noble, l'esprit élevé, le caractère adroit, un génie délicat, et malheureusement un penchant pour la vengeance qui lui fit répandre le sang et attira sur sa maison les plus grands maux. Clotilde mourut à Tours dans de vrais sentimens de piété, en 545. L'église, qui l'a mise au rang des saintes, célèbre sa fête le 3 juin, jour de sa mort.

4 juin. — ALIX DE CHAMPAGNE.

Alix, fille de Thibaud IV, comte de Champagne, reçut de la nature tous les dons qui peuvent rendre une femme accomplie. Elle brilla à la cour de son père par ses grâces, son esprit, et l'amabilité de son caractère. Plusieurs princes sollicitèrent sa main. Louis VII, roi de France, fut le plus heureux : il l'épousa en 1660. Alix était sa troisième femme. Ce prince désirait vivement un héritier, et au bout de quatre ans de mariage la reine devint mère de Philippe Auguste, surnommé *Dieu-Donné*, parce qu'il combla les vœux de toute la France. Après la mort de Louis VII, Alix réclama vainement la régence, qui lui fut ôtée injustement. Mais en 1190, Philippe, résolu de faire le voyage de la Terre-Sainte, fit nommer sa mère tutrice de l'héritier du trône, et régente de France. Elle gouverna avec autant de prudence que de fermeté; elle fit bénir son autorité par le peuple et respecter ses droits au dehors. Cette vertueuse princesse mourut à Paris, le 4 juin 1206, avec la réputation d'une reine éclairée, bienfaisante et vertueuse.

5 juin. — MARIE DESLOGES.

Marie Bruneau, dame Desloges, se distingua dans le nombre des femmes illustres du dix-septième siècle, et fut, dit-on, l'une des plus savantes. Elle connaissait parfaitement l'histoire, la géographie, les mathématiques, la philosophie, etc. Elle possédait plusieurs langues anciennes et modernes. Malherbe, Balzac, et d'autres contemporains ont fait son éloge, et ont témoigné pour elle beaucoup d'admiration. Le roi de Suède, le duc d'Orléans, et plusieurs grands princes entretenaient correspondance avec elle. Tous ont accordé à son mérite l'estime la plus entière et les distinctions les plus flatteuses. Elle fut célébrée de son temps, en prose et en vers, sous le nom de *Céleste*, de *Divine*, et de *dixième Muse*. — Le monde savant la perdit le 5 juin 1641

6 juin. — Mme DE LA VALLIÈRE.

Louise Françoise de la-Baume-le-Blanc, duchesse DE LA VALLIÈRE, née en 1644, fille d'honneur d'Henriette d'Angleterre, se distingua par sa sagesse, sa douceur, sa bonté, sa naïveté, plus encore que par ses grâces et ses qualités extérieures. Mais elle avait le cœur sensible, et elle écouta moins la raison et la vertu, que ses passions et son cœur. Elle vit Louis XIV, l'aima, en fut bientôt aimée, et oublia ses devoirs. Le roi, qui pendant deux ans lui avait donné des fêtes, sans que ses amours eussent éclaté, la nomma duchesse de la Vallière, en 1667. Elle avait alors vingt-trois ans. On peut dire, à sa louange, qu'elle ne se mêla point des intrigues des cours, et qu'elle n'oublia jamais qu'elle faisait mal. Mais elle espérait toujours de faire mieux. Elle eut de Louis XIV deux enfans : M.lle de Blois et le comte de Vermandois. En 1669, elle s'aperçut que le roi se refroidissait pour elle. Elle supporta ses chagrins avec une tranquillité admirable; mais enfin, en 1675, elle se fit carmélite à Paris, expia ses fautes par trente-cinq ans d'une pénitence austère, et mourut sous l'habit religieux, le 6 juin 1710, à soixante-six ans. Elle laissa des *Réflexions sur la miséricorde de Dieu*, un vol. *in-12*.

7 juin. — LA PRINCESSE IRÈNE.

Lorsque Mahomet II fut maître de Constantinople, durant les horreurs du pillage, un bacha amena à ce sultan une jeune princesse nommée Irène, dernier rejetton du sang des empereurs Grecs, que son innocence et les grâces de sa jeunesse avaient sauvée du carnage. A la vue du bourreau de sa famille, Irène s'évanouit. Sa beauté et sa douleur firent une impression profonde sur Mahomet qui en devint éperduement amoureux, et s'enferma trois jours avec elle. Les janissaires indignés de ce repos en murmurèrent. Aussitôt Mahomet, la saisissant par les cheveux, lui trancha la tête, en disant : — *C'est ainsi que Mahomet en use avec l'amour*..... Cette affreuse aventure eut lieu le 7 juin 1452. Elle a fourni à Lanoue le sujet de la tragédie de *Mahomet II*. L'histoire d'Irène se trouve plus détaillée dans les notes d'un nouveau roman de M. Collin de Plancy (*La prise de Constantinople par Mahomet II.*) tom. II, p. 153.

8 juin. — CLÉMENCE DE HONGRIE.

Clémence de Hongrie, fille de Charles, roi de Hongrie, était une des plus belles personnes de son temps. Elle fut la seconde femme de Louis X, dit le Hutin, roi de France. Cette princesse étant venue joindre son époux par mer, son vaisseau fut battu d'une si horrible tempête qu'il fut près de faire naufrage. Clémence, moins effrayée pour elle que pour ceux qui l'accompagnaient, s'efforça de les rassurer en leur donnant l'exemple du plus grand courage. On la vit prier Dieu de sauver ses compagnons, et de ne prendre qu'elle seule pour victime. La tempête se calma et elle ne perdit que ses bijoux. Son mariage fut célébré en 1315, mais Louis ne vécut que jusqu'en 1316. Il laissa Clémence enceinte d'un fils qui vint au monde sept mois après. Ce fils nommé Jean ne vécut que cinq jours. La reine abandonna aussitôt la cour, et mourut dans la retraite le 8 juin 1328. Son affabilité l'avait fait chérir des Français, elle était douce, bienfaisante, et la bonté se faisait remarquer dans tous ses discours comme dans ses moindres actions.

9 JUIN. — JEANNE D'ALBRET.

JEANNE D'ALBRET, fille de Henri II, roi de Navarre, naquit en 1531. Elle fut mariée à dix-sept ans à Antoine de Bourbon, duc de Vendôme, à qui elle apporta en dot le royaume de Navarre, et la principauté de Béarn. Ce prince était faible et indolent, et d'un esprit peu solide. Jeanne au contraire était pleine de courage et de résolution ; elle sut se faire estimer et chérir par les différens partis qui agitaient alors la France et la Navarre. Elle avait des qualités vraiment grandes ; et ce qui doit encore ajouter un lustre à sa gloire, c'est qu'elle fut la mère de Henri IV. Elle prit elle-même le soin de son éducation, et contribua à faire éclore les vertus qui ont rendu ce grand roi si cher à la France. Jeanne d'Albret possédait encore tous les avantages de l'esprit ; elle aima et cultiva les sciences ; elle se distingua par son goût pour les belles-lettres, et par la protection qu'elle acorda aux savans, qui lui prouvèrent leur reconnaissance en la célébrant. Elle mourut subitement le 9 juin 1572, après cinq jours de fièvre maligne. M.lle Vauvilliers a publié une bonne *Histoire de Jeanne d'Albret*, 3 vol. in-8.º

10 JUIN. — M.me GUYON.

JEANNE-MARIE BOUVIÈRES DE LA MOTHE GUYON, naquit à Montargis en 1648. Elle fut mariée à dix-huit ans, et resta veuve à vingt-cinq, avec de la beauté, de la fortune, et un esprit fait pour le monde. Mais elle s'adonna tout-à-coup aux pratiques de la plus austère dévotion, et abandonna ses grands biens pour se livrer à l'étude et à la prière. Poussée par un zèle, peut-être exagéré, elle composa un grand nombre d'ouvrages, où l'on aperçut des systèmes singuliers de spiritualité, qui furent jugés dangereux. Son obstination à les soutenir lui fit essuyer des persécutions. Elle fut enfermée à plusieurs reprises dans différens couvens, et dans des châteaux forts. Cependant sa bonne foi, sa douceur, l'austérité de ses principes, et même son éloquence, portèrent Mme de Maintenon et plusieurs dames illustres à la protéger, et à la faire sortir de sa captivité. L'illustre auteur de Télémaque conçut pour ses vertus l'estime la plus profonde : la plus pure amitié les unissait. Après avoir éprouvé des malheurs, causés par un esprit trop exalté et une piété extrême, Mme Guyon mourut à Blois, le 10 juin 1702. Elle a laissé plusieurs volumes de piété.

11 juin. — Mme DUFRESNOY.

Madame Dufresnoy, née avec tous les talens qui pouvaient la faire briller dans le monde, renonça pourtant à la société, et embrassa de bonne heure la vie religieuse, dans la congrégation des filles de la Croix. Mais son goût pour la poésie la suivit dans le cloître, et elle fit des vers, où l'on trouva du feu, de l'aisance, de l'esprit, et du naturel. Dans le Recueil de l'académie française pour l'année 1691, on remarque un morceau de cette spirituelle religieuse, qui décèle un heureux talent. Mme Dufresnoy fut enlevée à la piété et aux muses, le 11 juin 1699.

12 juin. — JEANNE LAFONTAINE.

Jeanne Lafontaine, née à Bourges vers la fin du quinzième siècle, se rendit celèbre par ses poésies et ses ouvrages d'érudition. Comme le style en a vieilli ils sont un peu oubliés, et le nom de Jeanne Lafontaine est moins connu qu'il mérite de l'être. Cependant ses productions eurent de son temps un succès peu commun, on admira surtout sa traduction en vers français de la *Théséide* de Bocace. — Elle mourut le 12 juin 1536.

13 juin. — ALGASIE.

Parmi les dames françaises qui se distinguèrent au sixième siècle, on remarque Algasie, des environs de Cahors, illustre par sa piété et par ses lumières. Saint Jérôme passait alors pour le plus habile interprète de la bible. Il avait fixé sa demeure à Bethléem. Algasie lui envoya onze questions, sur divers passages de l'évangile et de saint Paul qui l'embarrassaient, et que saint Jérôme lui expliqua. On voit par ces questions, que cette dame étudiait l'écriture sainte avec autant d'assiduité que de réflexion. Elle mourut, le 13 juin 596. — On l'a souvent confondue avec Aglasie, dont nous avons parlé plus haut.

14 JUIN. — Mme D'ORMOI.

MADAME D'ORMOI, se fit un nom dans le dernier siècle, par un heureux talent dans quelques branches de la littérature. Elle publia des romans qu'on reçut avec plaisir, et des poésies fugitives qui se trouvent dans divers recueils. Mais celui de ses ouvrages qui lui fait le plus d'honneur, et qu'on lira toujours avec fruit, c'est *l'Histoire d'Émilie* ou *le Danger des Passions*, publié en 1776. — On place la mort de Mme d'Ormoi, au 14 Juin 1801.

15 juin. — LA DUCHESSE D'AIGUILLON.

Marie-Magdeleine de Wignerod, duchesse d'Aiguillon, nièce du cardinal de Richelieu, dame d'atour de Marie de Médicis, épousa Combalet, dont elle n'eut pas d'enfans. Le cardinal aimait beaucoup sa nièce, parce qu'elle avait comme lui de la fierté, de la générosité, et le goût des beaux arts. Après la mort de son oncle, elle se lia avec le vertueux Vincent de Paul, et seconda toutes ses bonnes œuvres. Elle dépensa des sommes énormes pour racheter des esclaves, et pour fonder des hôpitaux. Dans un seul jour, elle employa cent quatre-vingt mille francs en œuvres de charité. Cette dame, que ses vertus, son esprit, son goût, ses bienfaits, et la protection qu'elle accorda au malheur et aux beaux-arts rendent à jamais célèbre, mourut le 15 juin 1676.

16 juin. — MARIE DE CYZ.

Marie de Cyz, née à Leyde en 1656, fut élevée dans le calvinisme, et ne montra qu'une foi chancelante dans la doctrine qu'on lui enseignait. Veuve à vingt et un ans, elle abjura, dans un voyage qu'elle fit en France, et se montra zélée pour la religion catholique. Elle fonda la communauté du *Bon Pasteur*, ouverte aux filles qui, après avoir fait de grandes fautes, cherchaient un asile et un lieu de pénitence. Marie de Cyz mourut le 16 juin 1692, épuisée de fatigues et de veilles, à l'âge de trente-six ans. Son institut se répandit en France.

17 juin. — LA PRINCESSE DE ROHAN-ROCHEFORT.

La princesse de Rohan-Rochefort, se

distinguait dans le dernier siècle, par des vertus modestes, et la bienveillance qu'elle accordait aux lettres et aux arts. Pendant le règne de la terreur, tandis que des hommes qui n'avaient rien de français, couvraient Paris de sang et de morts, cette princesse, ayant eu le malheur de dire quelques imprudences, fut traduite devant le tribunal révolutionnaire, et mourut le 17 juin 1794.

18 juin. — ROSE DE LA FORCE.

Charlotte-Rose de Caumont DE LA FORCE, de l'Académie des *Ricovrati* de Padoue, née en 1654, illustra le Parnasse français par ses vers, et charma son siècle par ses romans et ses contes. Son *épître* à M.me de Maintenon, et son poëme du *Château en Espagne*, sont pleins de verve et d'imagination. On distingue, dans le nombre de ses romans, qui sont généralement bien écrits : *les Mémoires historiques de la duchesse de Bar, sœur de Henri IV, l'histoire de Marguerite de Valois; et l'histoire secrète de Bourgogne.* Son *Gustave Wasa* est un peu oublié; mais ses contes intitulés *les Fées*, se lisent toujours avec plaisir. Les romans de Mlle de la Force, ont tous un fond historique. — Cette femme célèbre mourut le 18 juin 1724, à soixante-dix ans. Elle avait été mariée dix jours.

19 juin. — ANTOINETTE DE SALIEZ.

Antoinette de Saliez, née en 1638, à Albi, se fit un nom si brillant dans la république des lettres, que très-jeune encore, elle fut aggrégée à l'académie des *Ricovrati* de Padoue. Elle avait le goût le plus décidé pour les sciences et la poésie française, et passa presque toute sa vie dans la culture de l'amitié et des belles lettres. En 1704, elle forma une compagnie, qui s'assemblait une fois par semaine, sous le nom de *Société des Chevaliers et Chevalières de la bonne foi.* Pour y être reçu, il fallait faire preuve de vertus, aussi bien que de talents. — On doit à cette dame, qui mourut à quatre-vingt douze ans, le 19 juin 1730, des *paraphrases* sur les psaumes de la pénitence; des *poésies* et des *lettres*, imprimées dans *les Femmes illustres du règne de Louis-le-Grand* et enfin, *l'histoire de la comtesse d'Issembourg*, petit ouvrage, que l'on a traduit en plusieurs langues.

20 juin. — LA COMTESSE DE SALISBURY.

La plupart des historiens ont loué la beauté, les grâces, l'esprit séduisant de cette célèbre Anglaise. Elle avait une physionomie douce et naïve, et plaisait d'autant plus qu'elle cherchait moins à plaire. Édouard III l'ayant vue, en devint amoureux, et prodigua les présens et les fêtes pour gagner son cœur. Dans un bal que ce prince lui donna, en 1344, la comtesse de Salisbury laissa tomber sa jarretière. Édouard la ramassa aussitôt; et voyant que la belle danseuse rougissait, que les courtisans souriaient avec malice, le roi jura que tel qui s'était moqué de cette jarretière, s'estimerait heureux d'en porter une semblable. Il institua le lendemain l'ordre de la Jarretière, avec cette devise : *Honni soit qui mal y pense !* pour montrer qu'il n'avait point eu de mauvais dessein. — Quelques annales placent la mort de la comtesse de Salisbury, au 20 juin 1380.

21 juin. — JACQUETTE GUILLAUME.

Le nom de Jacquette Guillaume, doit être cher aux dames, puisqu'elle les défendit contre les prétentions de l'autre sexe, avec autant d'adresse que d'érudition. En 1650, elle publia un ouvrage qui fut fort accueilli, sous le titre de la *Femme généreuse*; et vingt-cinq ans plus tard, elle mit au jour *les Dames illustres*, où elle voulut prouver *par bonnes et fortes raisons* que le sexe féminin surpasse en tout genre le sexe masculin; un vol. in 12, dédié à Mlle d'Alençon. Cet ouvrage, mêlé de vers et de prose, offre peut-être quelques raisonnemens mal dirigés, mais on y trouve une foule de morceaux qui convainquent, et qui donnent raison aux dames. Jacquette Guillaume nous apprend, dans ses *dames illustres*, que le libraire de M.{}^{lle} Scudéri faisait payer la lecture de ses ouvrages à dix sous le volume, et plusieurs particularités non moins curieuses. — Jacquette Guillaume mourut le 21 juin 1700.

Une autre femme du même nom, (Marie-Anne Guillaume) se distingua dans le même genre. Elle prouva en 1668, dans un discours bien écrit, la prééminence des femmes sur les hommes.

22 juin. — CHARLOTTE LE CAMUS.

Charlotte le Camus s'attira par ses vers les éloges des beaux esprits et des littérateurs du siècle de Louis XIV. L'académie des *Ricovrati* de Padoue se l'associa, et plusieurs princes voulurent la voir. Ses poésies, qui eurent toutes du succès, furent publiées dans les recueils du temps; et on les lit encore avec charme. — Cette muse termina sa carrière le 22 juin 1702. On dit qu'elle avait plus de grâces que de beauté, plus d'esprit que de grâces, et encore plus de vertu que d'esprit ; ce qui serait bien surprenant.

23 juin. — CATHERINE HERMAN.

Catherine Herman, fille d'un marin Hollandais, fut dans le seizième siècle un modèle d'amour conjugal. Son mari, prisonnier des Espagnols, avait été mis à la chaîne ; elle résolut de sacrifier sa vie, s'il le fallait, pour le délivrer. Elle se coupe les cheveux, se travestit en homme, et va demander du service à l'Espagne. On l'accepte, et son courage héroïque la distingue bientôt, autant que la délicatesse de ses charmes. Dans une rencontre, où elle avait combattu avec la valeur la plus intrépide, son général lui dit : — Beau soldat, demande-moi ce qui pourra te plaire, je te l'accorderai. — Mon général, si par hasard j'étais femme ? — J'irais plus loin encore, dit l'Espagnol. — Eh bien ! s'écria Catherine, je suis l'épouse infortunée d'un Hollandais qui gémit sur vos galères. J'ai quitté mon pays et les habits de mon sexe pour gagner sa liberté. C'est la seule grâce que je vous demande... Le général, surpris et charmé de ce dévouement, ne perdit pas l'occasion de faire des heureux. Il combla les deux époux de présens, et les renvoya libres dans leur pays. — Catherine Herman perdit son mari à un âge avancé, et le suivit de près dans la tombe, le 23 juin 1605.

24 juin. — MARIE LEKZINSKA.

Marie Lekzinska, reine de France,

fille de Stanislas roi de Pologne, née en 1703, passa ses premières années en Alsace, ou son père s'était réfugié, depuis qu'on l'avait forcé de quitter la Pologne. Elle y demeurait depuis six ans, dans une espèce de solitude, lorsqu'elle fut demandée en mariage pour le roi Louis XV. Elle reçut avec reconnaissance ce bonheur inespéré, et son père s'en rejouit plus que s'il eût recouvré la Pologne. Elle partit pour Fontainebleau, où elle épousa Louis XV en septembre 1725. Elle en eut deux princes et huit princesses. Marie, élevée par son vertueux père, fut sur le trône le modèle de toutes vertus. Elle ne s'occupa qu'à conserver le cœur de son époux, dont elle était idolâtrée, et à répandre des bienfaits sur tous les malheureux. Elle avait de l'esprit et se plaisait avec ceux qui en avaient. On sait qu'elle travailla à l'*Abrégé Chro-*

nologique du président Hénaut, et qu'elle donna souvent d'utiles conseils aux savans et aux hommes de lettres. Elle possédait plusieurs langues, savait fut bien l'histoire et la géographie, et jugeait sainement les productions littéraires. Cette reine vécut tranquille, et fut étrangère aux intrigues de sa cour La mort prématurée du dauphin son fils, père de Louis XVI, la pénétra d'une douleur si vive, qu'elle en fit une maladie grave. Elle y succomba le 24 juin 1768, à l'âge de soixante-cinq ans, et fut pleurée comme une bonne mère.

25 juin. — JEANNE CHABOT.

JEANNE CHABOT est un modèle d'inconstance que l'on ne peut proposer à suivre, puisque la légèreté de l'esprit et du cœur annonce une âme qui fait le bien sans mérite, et le mal sans remords. Mais les torts instruisent aussi bien que les vertus. Jeanne était abbesse du Paraclet; elle abandonna son abbaye, et professa publiquement la religion protestante; mais comme elle avait fait vœu de célibat, elle refusa constamment de prendre un époux. Cette bizarre conduite lui attira le mépris des catholiques et des protestans; et elle mourut abandonnée, le 25 juin 1593.

26 juin. — ANNE CARO.

Anne Caro, née à Séville, se fit, dans le dix-septième siècle, un grand nom chez les Espagnols, par la délicatesse de son génie, et son esprit observateur. Elle composa plusieurs comédies, où, parmi les miracles, les prodiges, les inégalités et les scènes burlesques, qui sont de son pays et de son siècle, on remarque des traits piquans, de l'imagination, du naturel. Ces comédies furent représentées avec succès, et figurent pour la plupart dans la bibliothèque des auteurs espagnols. — Anne Caro mourut le 26 juin 1669.

27 JUIN. — M.ᵐᵉ D'AUNOY.

Marie-Catherine-Jumelle de Berneville, comtesse d'AUNOY, se distingua par la facilité de son style, et ses talens pour les romans. On lira toujours avec plaisir ses charmans *Contes des fées,* 4 vol. *in*-12; son *Histoire de Jean de Bourbon;* ses *Mémoires de la cour d'Espagne,* où elle avait passé quelques années avec sa mère; etc. Mais les *Aventures d'Hippolyte, comte de Douglas,* sont le chef-d'œuvre de M.ᵐᵉ d'Aunoy. Un roman ne peut manquer d'attacher, lorsqu'il est, comme celui-là, d'un style naturel, plein de chaleur, et qu'il présente à chaque pas des aventures extraordinaires, sans choquer l'esprit. Aussi les *Aventures d'Hippolyte* ont elles eu bien des éditions. — Mme d'Aunoy mourut le 27 juin 1705.

28 juin. — Mlle DE FONTANGES.

Il est sans doute déplorable que l'on ait entouré de quelque gloire le nom des femmes qui ont fait des fautes; tandis qu'on en a tant oublié que leurs vertus et leurs talens modestes recommandaient à l'admiration de la postérité. — Marie-Angélique de Scoraille de Roussille, duchesse de FONTANGES, née en 1661, était, dit l'abbé de Choisy, *belle comme un ange, mais sotte comme un panier.* Elle sut gagner le cœur de Louis XIV, que les bizarreries de Mme de Montespan impatientaient.

Du moment où elle se vit aimée du roi, Mlle de Fontanges se livra à l'orgueil et à la prodigalité qui faisaient son caractère. Elle dépensa trois cents mille francs par mois, donna le ton à toutes les modes, s'empara de toutes les grâces, et rendit au centuple à Mme de Montespan, les airs de dédain qu'elle en avait reçus. Dans une partie de chasse, le vent ayant dérangé sa coiffure, elle la fit rattacher avec un ruban noué sur le front; et cette mode fut reçue sous le nom de *Fontange*. Cette favorite orgueilleuse ne jouit pas long-tems de ces honneurs. Elle mourut à vingt ans, le 28 juin 1681, regrettée seulement à cause de sa jeunesse.

29 juin. — LA REINE BASINE.

Basine, reine de Thuringe, quitta son mari et son trône pour venir en France épouser Childéric. — Si j'avais cru, dit-elle à ce prince, trouver au-delà des mers un héros plus brave et plus galant que vous, je serais allée l'y chercher.... Basine fut bien accueillie par le roi de France; et de son union avec Childéric naquit Clovis I.er, qui fut surnommé le Grand.

Les anciennes chroniques font de la reine Basine une grande magicienne. Le soir de ses noces, elle pria Childéric de passer la première nuit à la porte de son palais, et de lui dire ce qu'il aurait vu. Le roi se conforma à cet avis mystérieux, et ne fut pas plutôt dehors, qu'il vit des léopards, des licornes et des lions se battre avec acharnement, dans la cour de son palais. A ces grands animaux, succédèrent des loups et des ours; enfin des chiens et d'autres bêtes de moindre taille. Childéric étonné, demanda l'explication de ces prodiges. — C'est une image de notre postérité, lui dit Basine. Les lions et les léopards désignent le fils qui naîtra de nous; les loups et les ours, ses enfans ; les chiens et les autres petits animaux, les derniers rejettons de notre race. — L'histoire de cette vision est un conte; mais il caractérise assez bien les rois de la première dynastie. — On place la mort de Basine, au 19 juin de l'an 500.

30 juin. — HENRIETTE D'ANGLETERRE.

—CHARLOTTE D'ALBRET.

Henriette-Anne d'Angleterre, fille de Charles I.ᵉʳ et de Henriette de France, naquit en 1644, dans un camp, au milieu des ennemis qui poursuivaient sa famille. Sa mère ayant été obligée de fuir, Henriette demeura prisonnière, quinze jours après sa naissance, et ne fut délivrée de cette captivité qu'à l'âge de deux ans, par l'adresse de sa gouvernante, qui sut la dérober à ses gardiens et l'amener en France. Henriette fut élevée par sa mère, et déploya bientôt tous les agrémens de l'esprit et toutes les qualités du cœur. Philippe de France, duc d'Orléans, frère de Louis XIV, l'épousa en 1661, et ne sut pas la rendre heureuse. Mais le roi qui connaissait la solidité de son esprit et la bonté de son cœur, la consola de ses chagrins domestiques, par un commerce d'amitié qui ne s'altéra jamais. Il se servit même de cette princesse, pour un traité d'alliance, qu'elle eut la gloire de conclure avec l'Angleterre, où Charles II, son frère régnait alors. La mort la frappa trop tôt; Henriette fut enlevée à la France, le 30 juin 1607, à l'âge de vingt-six ans. — Elle avait l'âme grande, beaucoup de bon sens, la conversation douce, l'humeur affable. Mme de la Fayette a écrit son histoire.

— Charlotte d'Albret, *épouse vertueuse d'un mari scélérat*, fut mariée à César Borgia, fils du pape Alexandre VI, et duc de Valentinois. Elle fut l'un des ornemens du quinzième siècle, par son esprit et ses vertus. Elle n'eut aucune part aux désordres de son mari; et pleura sa mort... Charlotte d'Albret termina sa carrière le 30 juin 1512.

FIN DU PREMIER VOLUME.

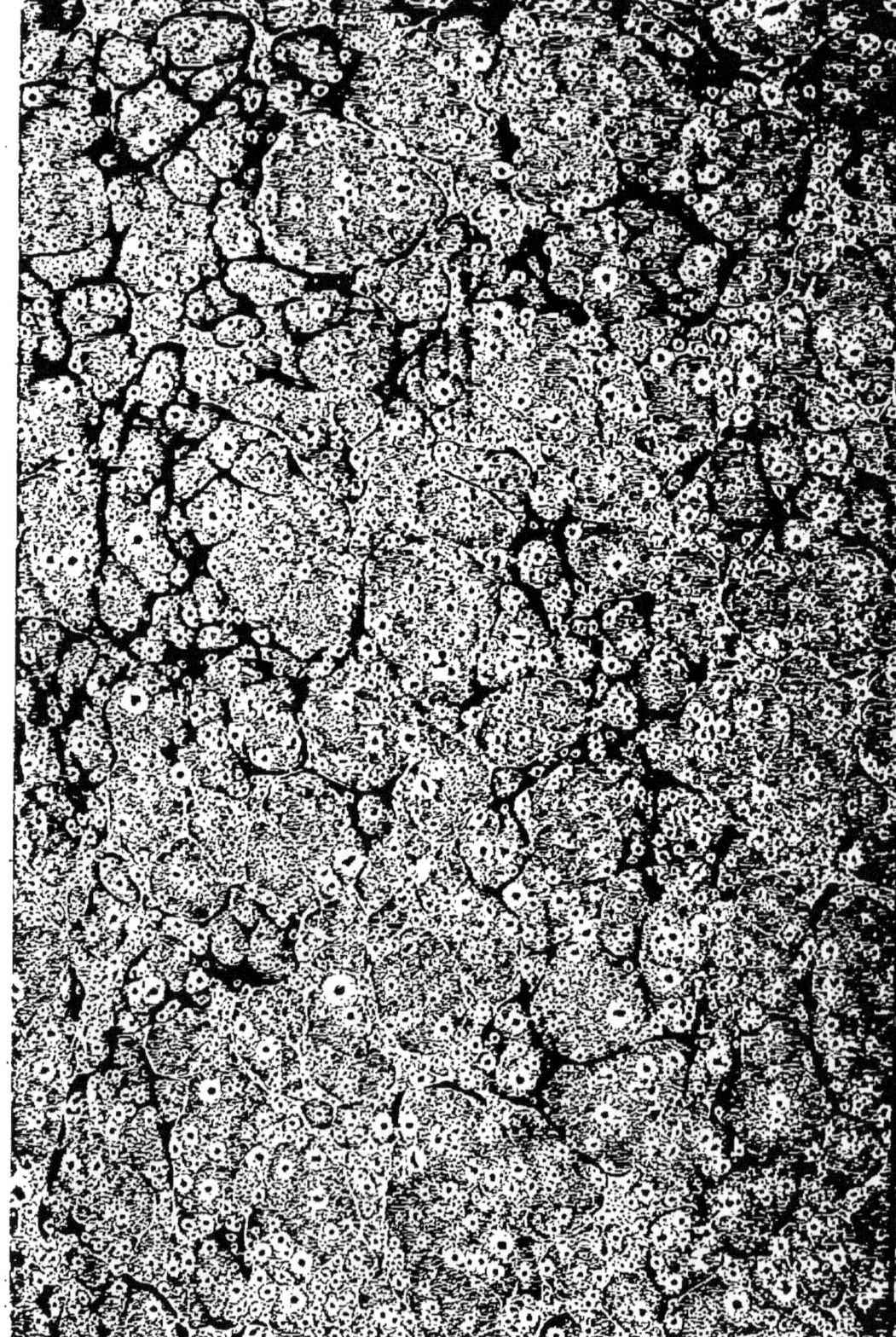

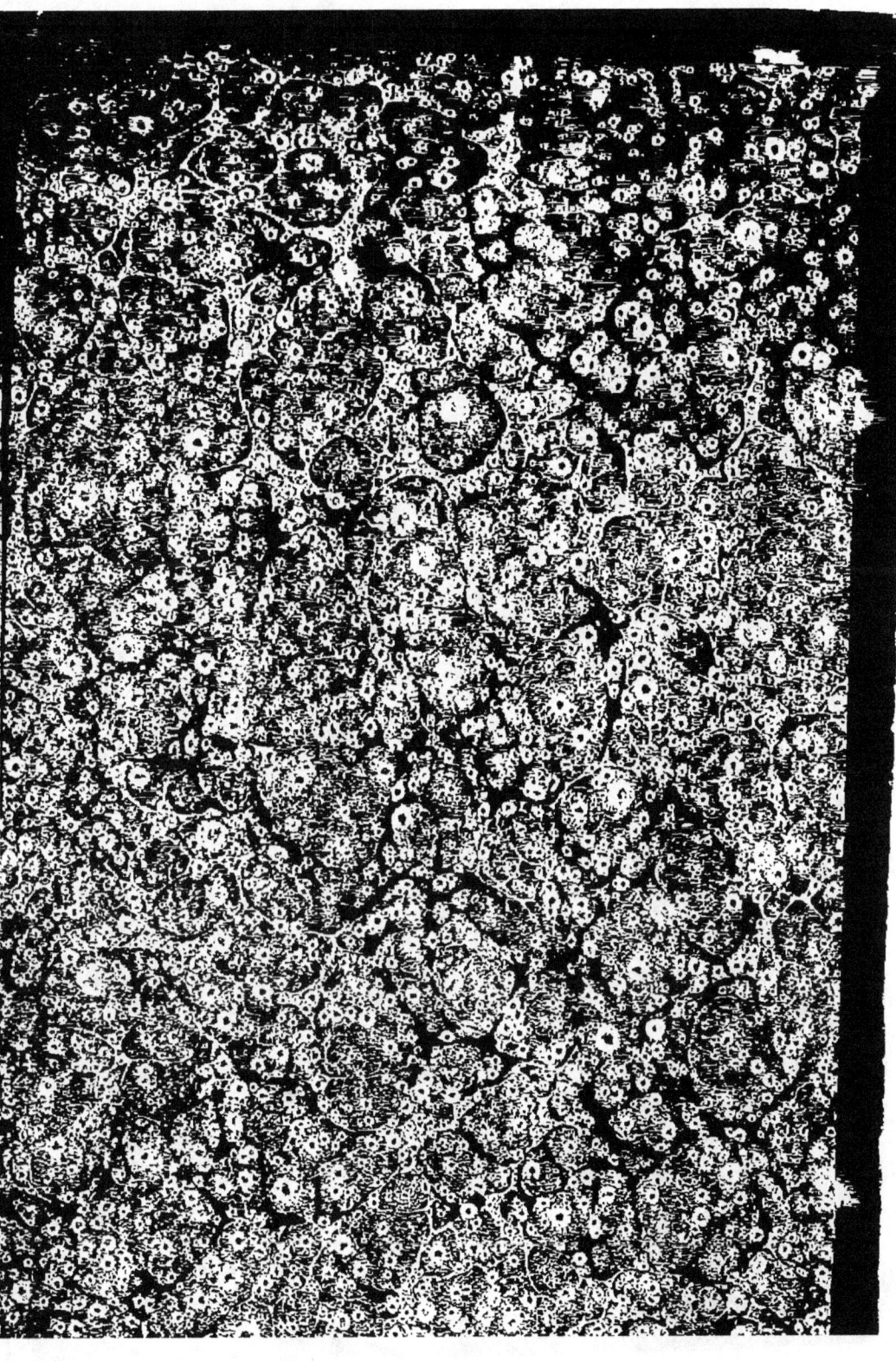